ちくま学芸文庫

歓待について

パリ講義の記録

ジャック・デリダ
アンヌ・デュフールマンテル
廣瀬浩司 訳

筑摩書房

目次

歓待について

パリ講義の記録

招待

アンヌ・デュフールマンテル

「歓待の行為は詩的なものでしかありえない」
ジャック・デリダ

ここで描き出そうと思うのは、デリダの詩的な歓待である。それにはひとつの困難が伴う。夜に向けて語りかけなければならないという困難が。夜とは、哲学的な思考の中で昼の次元に属さず〔＝議事日程にのぼらず〕、見えるものや記憶の次元にも属さないもののことだ。それは沈黙に近づこうとすることであり、言説がそのまわりに配置されていく。詩だけがときおりこの沈黙を見いだす。だが、それは言葉とエクリチュールの運動そのものにおいては開示されず、つねに逃れ去ってしまう。夜の一部が言語の中に書き入れられることもあるが、それは同時に抹消の瞬間である。

言葉のこうした夜の側面のことを強迫観念＝取り憑き(1)（obsession）と呼ぶこともできよう。偽作者は画家の筆致や作家のスタイルを模倣し、違いをわからなくしてしまうことはできるが、画家や作家の強迫観念を自分のものにすることはできない。そのためには最初の刻印が封じ込まれているこの沈黙に、たえず立ち還らなければならなくなるからだ。歓待という美しいテーマのまわりで織りなされる哲学的な物語におけるデリダの強迫観念は、近さという——不可能で非合法な——地理的輪郭をしつこく描き続けている。この近さは、外部から囲い込むような他処《アイユー》とは対立せず、「近縁の近縁」に対立する。憎しみへと崩れ去ってゆく親密さ、という耐えがたい軌道に。殺人や憎悪という言葉が近親者を排除することすべてを指すのは、それらが他者性への根源的な関係を内側から破壊するからなのだ。亡霊が生者におのれを思い出させ、忘却されることを認めないように、hostis[2] は歓待に応答する。カントの平和的な理性に、デリダは主体の最初の強迫観念を対立させる。他者性は、主体が安らかに閉じていくのを妨げるからだ。

ソポクレス、ジョイス、カント、ハイデガー、ツェラン、レヴィナス、ブランショ、カフカなどを読み進めるときデリダは、たんに補助的な共鳴を引き起こそうとしているのではなく、自分が考えているテーマによってそれらに「強迫観念のごとく取り憑く」。そのときこのテーマは写真の現像液の役割を果たす。そうした瞬間を証言しているのが、〔第五回〕講義《ゼミナール》での『コロノスのオイディプス』の最後の場面へのコメントである。死にたいして、そして死者たちにたいして与えられた歓待という考えから出発して、デリダはその今日的な性格を強調する。聴衆にはソポクレスの悲劇の奇妙な「不意の訪れ（visitation）」の必然性が感じられてくる。死んだ作者や生きている作者を召還し、ともにテーマの近くの海域（parages）をさまようように呼びかけること、このことは「この世紀末にわたしたちを苦しめる緊急事項」に背を向けることではないとデリダ自身が述べている。それどころか対決を支えるものなのだ。

　この講義ではある種の正確さ（justesse）を聞き取ることができる。それは思考と言葉の密接な調和――それらが調和させられたリズム――に基づくものであり、哲学的考察につきまとう主題の拍子の正確さでもある。だがそればかりではなく、デリダがある概念を操作し、それが反転して謎となる地点まで持っていくときに彼が遂行する、限界《リミット》〔＝極限〕への移行〔＝境界における通過〕の正確さでもある。

　だからこそわたしたちは講義の断片をそのまま伝えることがどうしても必要だと考えたのである。それによってデリダの考察が発話されるときの独特なリズムを聞き取ることができるからだ。エクリチュールについては彼はいわば完璧な金銀細工師であるが、それともまったく違う。そして二つの講義だけを独立して取り上げることができると思われたのは、この「飛び地（enclave）」においてすでに（ひとつの作品が断片のひとつひとつに含まれているように）歓待の問題がそっくり現れているからばかりではなく、冷静な暴力と友情にあふれた間隔化（espacement）のゆえでもある。そしてこの間隔化こそが、彼の思考に統一と特有の才能を付与しているのだ。

デリダ自身述べていることだが、歓待に関しては、講義の開かれた言葉を報告することには困難がつきまとう。「私が言おうと欲しなかったこと、言えなかったこと、言われなかったこと、禁じられた言葉、沈黙の中に埋もれた過去、飛び地のごとく囲いこまれ、はめ込まれているもの（enclavé）などを解釈しなければならない」と彼は主張する。「わたしたちがこの地帯に見いだすもの、それは歓待と問いの関係についての開かれた問いである。つまり名とともに始まる歓待の問い、名の問い、あるいは問いなしに開かれる問いだ……」。また彼は次のようにも言う。「自分自身の知の鍵も持たず、その権利を横取りすることもないような誰かの教えがどのようなものなのか、夢想することもできよう。彼は場に場（＝機縁）を与え、他者に鍵を渡すことによって、言葉の飛び地を外部に連結させるのだ（désenclaver）」。

この言葉が約束してくれるものは、「場に場を与えること」にほかならないと思われる。またこの言葉は場所の問いを、わたしたちの文化の歴史の根本的な問い、それを基礎づけながら思考されない問いとして、耳に届けてくれる。それは亡命に同意すること、言い換えるならば生まれながらの（母との、と言いたいくらいであるが）関係に同意することであるが、同時に場において、住まいにおいて、未決のままに苦しみつつとどまることでもあり、そこにこそ思考は人間に到来するのだ。墓所、名、記憶、言語に住みつく狂気、亡命、閾＝戸口などについてのデリダの考察は、それぞれがこの場の問いに向けた表徴であり、自分がまずは客（hôte）であることを認めるよう、主体に誘いかけている。

言葉《パロール》の運動

ある言葉の正確さのようなものを聞き取るためには、その歩調《パ》つまりそれを言うために必要なリズムや拍子を測定しなければならない。「真理の如何に（comment）こそが真理なのだ」[3]とキルケゴールは記していた。だから私はコメントなどという不毛な実践ではなく、デリダの思考に特有の「如何に」に耳を傾けることに専心しようと思う。ニーチェも強調していたように「哲学者には二重の聴覚が必要なのだ。二重の眼〔＝千里眼〕の才能があるというのと同じ意味で。つまりこの上なく繊細な耳が」。

ニーチェが要求していたのは、自分の作品の言葉の肉を注意して感じ取ってもらうことである。「おお、人間よ、そなた、高等な人間よ、心せよ！　次の言葉はさとい耳に、そなたの耳に聞かせるためのものだ――深い真夜中は何を語るか？」[4]。わたしたちは、ほとんど聞き取れないものを知覚することを学ばなくてはならない。ニーチェはこう言っている。「しばしば経験できるどころか、かなりまれな経験の可能性さえまったくないようなそんな体験ばかりをある本が述べている――つまり、その本の叙述が新しい一連の諸経験を表現した最初の言葉である、という場合を。この場合には要するに何も聞かれない。何も聞かれないだけではない。これには耳から来る錯覚が伴う、何も聞かれない所には、何もないのだという錯覚が[5]」。

デリダの講義を聞いた人々は、あたかも楽譜が繰り広げられているような印象をまず受ける。この楽譜が思考の運動そのものを聞き取らせてくれる。発言される瞬間にまさに思考されつつあるような思考に立ち会っているような気がするのだ。このように声を出して哲学する者は、なめらかで一義的な言葉の織物を繰り広げるのではなく、その裂け目を露呈する。彼は驚きに場を開き、恐怖のおののきの中で、反省を打ち破るものへと場を開くのだ。

なぜ恐怖なのか。たんに驚かせるというだけなら、この言葉は強すぎるように見える。だがやはり恐怖なのだ。ただし言葉そのものの破壊的で威圧的な効果が生み出す恐怖のことではない。言葉が捉える不可知なものの空間を前にして、わたしたちがおびえ、言葉によって動きを止められる、そんな恐怖のことなのだ。楽譜の中と同じように、沈黙の記譜によって、メロディラインがおのれを支える沈黙と対話を始める。哲学の言葉は推論の正確な論理と合体し、しかるべきときにその明証性に襲いかかる。こんな瞬間は通常アポリアと呼ばれている。いくつかの道が決定不可能なかたちで交差する瞬間である。

未知の場に入ろうとするとき、わたしたちはほとんどつねにいわく言いがたい不安感を持つ。そのあとに未知なものを飼い慣らす緩やかな作業が始まり、不安はしだいしだいに消えてゆく。「まったき他者」の出現によって引き起こされる恐怖の後に新たな親しさが続くのだ。身体はおのれの最も原初的な本能的反応として、現実の中で直接には認知されぬものと遭遇する。だとするならば、思考が他者を、まったき他者を統握できるなどと実際に主張するためには、驚きが必要であろう。そもそも思考というものは統御の能力のことである。それはたえず未知を既知に変え、その神秘を粉みじんに砕き、それを吸収し、解明してしまう。それを名づけるのだ。

それではわたしたちが「歓待、近さ、飛び地、憎悪、異邦人」といった言葉に目をとめるとき、いったい何が起きるのだろうか。しばらくの間は「他処にあるもの（ailleurs）」が見えているかもしれない。だがやがてそれはわたしたちの思考と記憶の習慣《ハビトウス》によって刻印を押された風景に吸収されてしまう。たしかにソクラテスからキルケゴールに至るまで、アイロニーを哲学的に使用することによって思考が動揺することもあったかもしれない。だがわたしたちが未知の場に入り込むときに感じる恐怖について考え直してみよう。その奇妙さ（étrangeté）はわたしたちを凍りつかせ、その後にのみそれに順応していく。そのとき引き起こされる不安だけで、生き続けていけるだろうか。つまりこの順応の過程を妨害することができるだろうか。語られた他者性でも知覚された他者性でもどちらでもよいのだが、真に他者性について問題にするためには、思考はこうした行為を一瞬なりとも体験しなければならないのではないか。だが通常こうした行為はまったくと言っていいほど体験されない。思考は「他者」（客）を至上の権威をもって思考し、別の問題の検討に移ってしまう。もちろんレヴィナスが見事に語っているように、ときには思考が武装解除を受けることもあるのだが。

哲学におけるこの武装解除の名称のひとつが驚きである。しかし親しさが同調する前に恐怖が退く瞬間にこそ、驚きはわたしたちを立ち向かわせる。こうして渡るべき別の浅瀬が発見され、慣れ親しませるための別の刻印が発見されるのだ。

デリダの言葉がわたしたちに引き起こすのはまさに驚きである。彼の言葉はたんに思考していると思わせるだけではなく、わたしたちに思考を強いる。付け加えておかなければならないが、講義という場において、彼の言葉は他者という危険に身をさらす。誤って聞き取られ、誤解され、神格化され、悪魔化される危険を彼は受け入れる。そして突然中断される危険をも。そのとき言説はその本来の流れから逸脱し、それまでは何も書き入れられていなかった対話が始まるかもしれない。彼の哲学的な言葉の持つ大胆さは賞賛に値する。この言葉によってわたしたちは、理性が主人として君臨している精神の住まい（demeure）を捨て去る。そのとき驚きが理性を客として迎え入れるのだ。

夜のまわりで思考の拍子が測られ、夜が思考を保持する強迫観念＝取り憑きという形象

哲学的な言葉は「夜」を背景に浮かび上がってくる。この夜は何なのだろうか。プラハで非合法に出版された名著『歴史哲学についての異端的論考』（石川達夫訳、みすず書房、二〇〇七年）においてヤン・パトチカは昼の価値観に夜を対立させる。この場合、夜とは存在論的な形象として理解されなければならない。「人間は不安をかき立てるもの、和解不可能なもの（irréconcilité）、謎めいたものを自分の中に増やしていかなければならない。日常生活はそこから離れて昼の次元に移行してしまう」(6)。パトチカは、昼の知の全体主義に、現代世界の危機とヨーロッパの退廃を読み取る。昼の価値観によって論証すること、それは技術の価値観に従属する量的な知のみを目的にして、現実を定義し、支配することだ。明るさから暗さをはっきり分けてしまうと、わたしたちはその荒廃に直面することになる、とパトチカは予言する。そうではなく、この暗さの閾にまで眼差しを注がなければならないだろう。明るさを解読し、それが夜にも所属していることを示すこと、これもまたデリダの考察が切り開いた道のひと

つだと思われる。

またデリダの講義ではオイディプスとアンティゴネという二人の漂泊者が登場する。そこでパトチカによるアンティゴネ解釈にしばらく注目してみよう。(7)

ソポクレスの『アンティゴネ』という神話的人物がわたしたちを魅了するのは、彼女が諸起源のごく近くにいるからだ。「彼女は愛する者という範疇に属し、憎む人には属さない」とパトチカは記す。だがこの愛はキリスト教の愛ではなく、「人間的な条件とは縁のない愛である。それは神の領域である「夜」の領域に所属する」(8)。クレオンとアンティゴネの対決においてパトチカは、クレオンの代表する掟の力が、実は恐れに属していることを示す。というのは「彼の考える国家という昼の領域は、恐れに基づいているからだ」。この恐れは、最後の仮面をかぶったとき、死の恐れとなる。クレオンは知らず知らずのうちに、他者に従属していること、夜の掟に従属していることをみずから証明してしまう。そしてアンティゴネは掟を具現し、夜の領域に与っているのだから、彼女を殺すと脅しても何の役にも立たない(9)。わたしたちの意識は意味を支配できると信じ、それを占有する。パトチカは、意識をこうした占有に結びつけてきたものに対抗して書いているのだ。「ソポクレスのアンティゴネはわずかな希望を思い出させる者を代表している。クレオンの思考はこうしたものをわたしたちの中で完全に隠蔽してしまっていた。だが人間はおのれに所属せず、意味は大文字の「意味」ではなく、人間的意味は終わりを告げる。いまやひとは「夜」の岸にたどり着いたのだから、夜は無ではなく、厳密な意味で「存在する」ものに所属するのだ(10)」。

パトチカによれば「夜」とは「動揺させるものにたいする開かれ」である。夜は意味の喪失の経験を通過することを要求する。この経験から哲学的思考の真正さが生み出される。デリダが第一次世界大戦中の前線(11)（front）の経験に関するパトチカの考察について論じるときに捉えようとしているものは、歓待の概念の最も端にある縁なのである。チェコの哲学者パトチカは記している。前線の経験においては敵は同じではない。敵は「昼が動揺するときには共犯者なのだ。ここで敵のための祈りという深淵のごとき領域が開かれる。これは動揺させられた者たちの連帯である(12)」。意味への問いかけという真理が生き残るために死ぬこと、ただし死という行為に答えという傲慢な地位を与えないこと、こうしたことによってこそ、夜にその実在性が取り戻される。死は自己放棄の反対なのだ。

私が強迫観念つまり「動揺させるものに対する開かれ」への理性の関係について語

ろうと思うのも、こうした「夜の」意味としてである。強迫観念が思考を内側から蝕むとき、というよりはむしろ思考が充分に強くて強迫観念に蝕まれるままでいるとき、強迫観念は思考を創造的なものにしてくれる。それは芸術作品が、物質に対して、それまで未知だった応答を創始してくれるのと同様である。物質こそが応答を保持している。夜によって、「強迫観念のように取り憑くもの」が言葉に到来するのだ。

言葉が「夜」に語りかけるとき、それは語を違うやり方で聞かせてくれる。たとえば「近さ、追放者、異邦人、訪問者、他者の家における我が家」などについて語ることによって、「自己と他者」「主体と客体」というような概念は、つねに二元的な掟のもとに現れることを妨げられる。デリダが理解させてくれること、それは近さに対立するのは「他処」ではなく、近さの別の形象だということだ。そして講義を通じてこの地理学は、「何処」という問いを開いてくれる。この問いは人間の問いでもある。スフィンクスの問いと同じように、この問いは歩きつつある人間、道中にあるという以外に固有の場を持たない人間にたいして向けられる。彼は自分でも知らない宛先《アドレス》に送られている。影のごとく先立つ宛先に。

「何処」という問いは時代に属さず、他動詞的である。それは場への関係、住まい、場の不在に対する関係を本質的なものとして与えるのであり、対象を包含してしまうような関係にある思考を、その機能そのものにおいて排斥する。真理があるとしたら、それは環探し遊びの環でしかない。真理を発見するのはその運動であり、それを名づけるのはその痕跡である。定義したり説明したり理解することではなく、思考対象によってみずからの価値を測ること、それと同時にこの対象との対決において、問いが書き入れられる領土を発見することだ。つまりおのれの正しさを。

だからこそデリダの用語には「境界、限界、閾＝戸口、この閾に向かう歩み」といった言葉がこれほどまでに頻出するのだ。まるで思考が落ちつけるような安定した領土を画定することが不可能であるからこそ、思考そのものが引き起こされるかのようだ。デリダは問う。「歓待を供するためには、確固たる住まいの存在が必要なのだろうか。それとも真正な歓待が開かれるのは、庇護の不在、わが家の不在といった場の解体（dislocation）から出発することによってだろうか。おそらく家の喪失という経験を堪え忍ぶ者だけが、歓待を供することができるであろう」。

「何処」という問い、それは最初の問いが「自己《イプセ》」としての主体の問いではなく、問いの運動それ自体のもっと根元的な運動だということである。主体が到来するのはこの問いの後にすぎない。それはおのれの土地を持つことができないという無力感を表している。安心して話し始めることができると思ったまさにその場において、問いは逆転してしまう。それは端緒についての問い、というよりはむしろ端緒の不可能性についての問いを提起する。ロゴスを書き入れることができるような、疑いなき最初の起源などは不可能ではないかという問いを提起するのだ。

だがある種の彷徨のめまいに身をゆだねることもできる。物質的なつながりを（たとえばインターネットなどの遠隔通信《テレコミュニケーション》によって）切り捨てること、デリダの言い方によれば「閾からわたしたちを隔てる距離をもはや越える必要がなくなること」によって、意味の執行猶予が与えられるかのようだ。というのも、現代の彷徨は巧妙な罠を仕掛けることを心得ているからだ。実は現代では、彷徨こそが暴力的で野蛮なものへとわたしたちを召還する。デリダが強調しているように、ナショナリズムとファンダメンタリズムが、きわめて血なまぐさい装いで回帰してくるのも、このような召還に基づくのだ。

さて、歓待が提供されるのは、つねに今そして此処においてであり、どこかある場所においてである。歓待は、場所への困難で両価的な関係を、思考されないものとして、おのれの「夜」において与えるのだ。まるで歓待に関して問題になる場は、根源的には主人でも招待客でもなく、お互いに与えられる迎え入れというしぐさにこそ所属するかのようだ――この迎え入れを思考するために必要な住まいを持たないとしても、いや持たないときにこそ。

倫理は本来の目的とは違う目的を持つときに巧妙な形式を利用するが、デリダの思想はこうした形式を告発するものだとも言える。今日では本質的なものとそうでないものをごちゃまぜに投げ捨てることは、現代社会にたいする耐えがたい脅威であるかのようだ。それは民主的な社会でも同様である。あたかもすべてが少なくともひとつの倫理によって正当化されなければならないかのようだ。有用性と効率性の数量化をめざす社会において、不要なもの、目的なきもの、絶対的な無償性にこそ最大の危険があるかのようである。無償性、「無料であること」を正当化することを拒むならば、効率性の価値の体系がすべて暴かれてしまうのだ。それだからこそ無条件の歓待の「掟」と歓待のさまざまな掟の間にデリダが暴き出している区別が根本的に重要なのである。というのも、責任を断片化することによって権力を全体化してしまう手段を透明さの中に見いだした社会は、無条件の歓待によって脅かされるからだ。しかしながらこの歓待の掟は、歓待のさまざまな掟の平安を「問いへと導く」磁場として思考され続けなければならない。

このように哲学的な言葉の「無用性」にたいして開かれた場が存続するようにすることは、すでにひとつの政治的な行為である。本質的なものが現れ、語られるような空間を象徴的に保持する行為なのだから。

講義が始まるやいなやデリダは宣言する。「(……)重大な闘争でもある重大な議論を開始するために異邦人が差し向ける問い、それは政治的なものの問い、政治的存在としての人間の問いにほかならない」。政治的なものとは、他者や異邦人から来る問いとして与えられている。政治的なものの問いは、プラトンの最初期の対話篇以来働いている問い、哲学の原則的な問いのひとつであるが、デリダの講義においてはまったく新しいものとなる。それは、この問いが他者の場から通達されているからであり、しつこく繰り返される他者の問いの侵入によって通告されているからだ。他者の場とは、この問いにおいて、応答せよ、とわたしたちに命じるものである。そしてこれはひとつの闘争なのだから、決闘において自分の言葉に責任を持つように責任を持て、と命じるものでもある。異邦人がわたしたちに差し向けるこの問いを私はひとつの

「ユートピア」として理解する。ただしこの言葉にギリシャ語のトポスすなわち場という意味を含ませてほしい。〔トマス・〕モアによって予言的に考えられていたユートピアつまり「場の不在」は、今日では「場の外部」となり、そこからひとつの問いがわたしたちに通達されるのだ。そして人間を政治的な存在として暴露することは、現代では最高に傲慢なものに響く。というのは現代の文化は政治的なものを、舞台効果にすぎぬものとして完全に隠蔽しようとしているように思われるからだ。政治的な考察が隠蔽されていると言うつもりはない。政治的なものを構成する行為そのものが隠蔽されているのだ。これはその始まり以来、一人ないし複数の人間が、他の人間を代表して与えられた権力によって、経済的なプロセスを妨げたり完成したり中断したりする唯一の行為である。このとき経済的なプロセスは、数量化することができない他の諸価値に関係させられる。だが政治的なユートピアの持つ狂気は、二十世紀にあまりにも大きな損害をもたらしたので、もはや警戒されてしまっているのではないだろうか。じつを言えば、ユートピアがイデオロギーに変じるとき、それは闘争相手であるはずの経済的な「効率（efficiency）」の容赦なき論理に基づいた言語を語り出してしまう。マルクス主義からファシズムに至るユートピアは、場や国や権力の現実に書き込まれると、打ち立てられたその場において崩壊してしまう。ユートピアの実行手段を手中にしている無時間的な不動性への郷愁が生まれるからだ。政治的なものは、効率という新たな経済的価値の細い糸からほどけていき、同時にその痕跡も刻印を消し去ってしまうのだ。

デリダやレヴィナスは、異国の地において言語や死が根源的に親しさを欠いていることを示す。いまや親しさの不在から出発することによって、政治的ユートピアを「場の不在」として聞き取り、それによって人間の「都市《シテ》」の可能性を開く必要があるのではないか。「ユートピア」が聞き取られるとしたら、それは他者、すなわちつねに不安をかき立てる不意の客（hôte）が侵入してくることによってである。だとするならば、これはこの世紀末において――デリダの言う意味で――ひとつの「亡霊（spectre）」なのだ。

ヘブライ語では「時間を作る」ことは「招く」ことと同義であるが、これはじつに奇妙な言語の知恵ではないか。時間を生み出すためには、二人でいなくてはならないこと、というよりは、他者がいなくてはならないこと、根源的な他者の侵入がなくてはならないことが示されているのだから。未来は他者から来るもの、まさしく急襲してくるものとして与えられる。そのとき言語も自己と他者の距離を切り離すことはなく、それを掘り下げるのだ。これこそが、つねに強迫観念のまわりで閉じられようとする非人間性の贖いとして、政治的な空間に内側から働きかける。レヴィナスは記す。「他の人間の殺戮、それは彼が「我存在す」と言うことができないということだ。ただしこの「我存在す」は「我ここに（me voici）」という意味だ」。するとデリダが続ける。「これは、出現し、外傷を与える客（hôte）の「我ここに」にほかならない」、と。

さまざまな誇張法（hyperboles）

最後に、ひとつないしは複数の概念を「限界にまで移行させる」デリダらしいやり方に注意を促しておこう。この誇張法を強調するためには、デリダの言説をほとんど一語一語転記しなければならないこともあった。二つの例を挙げることにしよう。ただし、読者に哲学的な語りの「サスペンス」を残しておくために、わざと本書の講義とは別のものを挙げることにする。最初の例では狂気が、第二の例では亡霊が問題になる。

デリダはまず、言語における他者や自己自身への忠実さという経験、すなわち「つねに」という経験を聞き届けることから始める。「どのような形で追放されたとしても、言語はひとが保持しているものである」。

彼はハンナ・アーレントを引用する。「ナチズムがあったにもかかわらず、なぜあなたはドイツ語に忠実でありつづけるのですか」というジャーナリストに答えて、アーレントは次のように言うのだ。「どうしようもないではないですか、いずれにせよ、狂ったのはドイツ語ではないのですからね！」さらに彼女は付け加える。「なにものも母語の代わりをすることはできません」（「何が残った？　母語が残った」、矢野久美子訳『アーレント政治思想集成　1』みすず書房、二〇〇二年、一九頁）。

デリダは指摘する。「（……）ハンナ・アーレントは狂気が言語に住み着くことができるなどと考えることもできないかのようだ」。この驚き、あるいは驚いたそぶりがすでに最初の限界への移行を遂行している。

言語とは、わたしたちにとってもっとも親密なものだがもっとも共通のものでもあり、他者や世界への関係を支配するものであり、その掟はある種の沈黙の野生的性格からわたしたちを引き離してくれるのだが、この言語が野蛮さの共犯者ともなりうるということ、このことこそがアーレントが想像すらできなかったことなのだとデリダは驚きをあらわにする。彼はさらに続けて、アーレントが語らなかったことへとわたしたちを導いていく。「脆弱に組み立てられたアーレントの答えは、あたかも絶対的な悪を前にした贖罪の可能性を保持しようとしているかのようだ」。そのためにデリダは、「ドイツ語」を母語へ突き落とし、「狂った」という形容詞を狂気全体へ突き落とす。恐怖と盲目をはらんだ狂気へ。アーレントがまさに確信を持とうとするとき懐疑の種をも播いていることをデリダは示す。彼女が痕跡を消し去ろうとするものを、ある否認が引き立たせてしまうかのように、謎に満ちた問いの場を支える暗い斜面をデリダが暴き出すとき、彼の聴取はほとんど精神分析的なものになっている。

この限界への移行が果たされたとき、デリダはおのれの前に広がる領土の新しさに注目する。いまや言語は狂気そのものの場として現れるのだ。

「母への関係は狂気をはらんでいて、わたしたちを我が家の謎めいた性格へと導いてゆく。母の狂気は我が家を脅かす。代理＝補塡《ほてん》不可能な（insuppléable）唯一の存在としての母、言語の場としての母は、狂気を可能にするものである。それは、つねに開かれた狂気の可能性なのだ」。

アーレントが擁護していた言語の秘密で親密な現実、彼女が「代えがたい」ものだと語っていた母語なるものは、みずからのうちに非理性と外傷と憎悪を秘蔵している。言語は「唯一で代理＝補填不可能な母に似せて作られている」が、この母において、欲望し愛する近しい世界が恐怖に変わるかもしれない、とデリダは強調する。もっとも親しいものから不安が生じ、狂った世界が、痛ましく、ほとんど思考不可能な様相で、母によって与えられた世界に入れ替わるのだ。

「狂気の本質を歓待の本質と関係づけなければならない。もっとも近しいものにたいして、荒れ狂わんばかりに統制のきかないものが近づく海域において」。

次にデリダは新たな限界への移行を遂行するために、母親の狂気は狂気の本質のようなものをかいま見させてくれると述べる。母語は「他者の家における我が家」――すなわち歓待に開かれた場なき場――の隠喩であり、そのようなものとして歓待の本質に合図を送っていること、このことをデリダは思考させようとするのだ。

この新たな限界への移行は、歓待が「荒れ狂わんばかりに統制のきかないもの」へと感染＝混淆（contamination）してゆく過程を読み取らせてくれる。このとき暴力の拡がりが近さにとって代わるとともに、母からは狂気を受け継ぐのだ。デリダは、人質戦争や民間人に対するテロ行為などの事件に、同種の「親密な」暴力の再現を見て取っているが、彼がこの場で丁寧に問題にしていることは、歓待が憎悪に転じることである。それは〈掟〉がつねに倒錯する可能性を持っていることに基づく。

「母なる言語の狂気という主題は、掟の外の場から掟を作るような母親の痕跡を追跡させてくれる」と彼は言う。デリダは母の審級をオイディプスに関連づける。オイディプスは「娘たちにも秘密にされている墓の場から、テセウスにゆだねられた秘密によって掟を作ろうとする」からだ。「おそらくそのとき、正義としての純粋な歓待の「掟」は、歓待を家族の彼方において開け、とわたしたちに命令するのではないか」と彼は自問する。しかし家族（そして家族に続く構造である市民社会、国家、国《ネイション》）を拒否すること、それは純粋な歓待をその可能性において確証することにほかならない。だからこのパラドックスから出発して歓待を思考しなければならない。彼は結論する。

「これこそがヨーロッパにおいて遂行すべき闘争の空間なのだ」と。

この最後の限界への移行においてデリダはたんに〈掟〉とその倒錯の可能性の問題

のみを論じているわけではない。普遍的な構造を描き出すはずの言語への関係が、思考において何を生み出すかをも論じている。作家や思想家にとって「言語は獲得された親密性であって、母的な親密性ではなかった」ことを指摘したのちに、デリダはレヴィナスの非常に美しい言葉を引用する。「言語の本質は友情と歓待である」。そして彼は付け加える。「アーレントは意味を基礎づける根源的な土壌の聖性を擁護していたが、それにレヴィナスやローゼンツヴァイクは掟の聖性をもって対抗する」。

のちにデリダは母的なものと死との衰えをしらぬ結びつきを問題にするときに、狂気と母と言語の関係を再び論じることになるだろう。裏切ったからといって、死者を忘れるように、自分の言語を忘れることができるだろうか。「ここで問わなければならないことは、異邦人が死んで異国の地に休らうときに何が起きるかということである。亡命者、強制収容所の被収容者、国外追放者、故郷喪失者、遊牧民たちは二つの願い、二つのノスタルジーを持っている。それはおのれの死とおのれの言語である……」。

移動する死についてのこうした表現は強烈である。この死についてデリダは、主体性(生まれながらの言語)の親しさとはかなさを、埋葬(遺体)というもっとも読解しやすく、操作しやすく、掘り崩しやすいものへと結びつける絆のもろさを指摘している。死者はもはやわたしたちに所属せず、死者自身にも他の誰にも所属しない。死者はわたしたちの文化においてはいつの時代でも、おそらくすべての生者以上に念入りに保護されていたが、冒瀆の行為を可能にするものでもある。冒瀆とは生き残りたちに向けられた罪、彼らの記憶、記憶と死者を結ぶ、衰えをしらぬ絆に向けられた罪なのだ。オイディプスはこの秘密の親密さをテセウスには明かしたくないと考え、娘たちからそれを奪うのだが、今日ではそれは公共の場に広められてしまう。現代社会においては、固定性がつきまとっているものの、遊牧的性格の効果は日増しに増大している。それは各人が持つ生物としての予測不可能性をなるべくうまく「配置する」ためであるかのようだ。変容の時間と場は潜在的な危険とみなされる。それらは、急激な逆転をはらんだ浅瀬を渡るものだからだ。ここで私が考えているのは、ブランショが告げている生誕と「死の時」のことである。テクノロジーの誘惑（そしてその科学的有効性）は、苦痛を排除し、生活を改善しようと努め、たとえば今日では妊娠のすべての段階を追跡しようとさえしている。そのため子宮は、ありとあらゆる検査を受ける、完全に「公にされた」空間と化し、医学が担う「共通の場」となってしまいかねないのだ。死についても同様である。自分の家での死が許容されることは非常に少なくなり、近親者以外の「証人」なしに、死に瀕している人とだけでいようとしたならば、医学上の責任に対する重大な違反となりかねないくらいだ。私は倫理的な観点からこう言っているわけではない。「我が家」からもっとも秘密で親密な存在の瞬間を排除してしまうような奇妙なトポロジーないしはトポグラフィー〔地形図〕について語っているのだ。死や生誕を拒否し、住まいから遠く追放され、医学的な身体によって没収されてしまうことには、通行＝移行の否認がある。ひとはまさにおのれに所属しないものの所有を奪われてしまう。なぜならそれこそがもっとも危険《リスク》の高い場だからだ。ひとが所有しないものとひとに強迫観念のごとく取り憑くものはおそらく同じひとつのものなのだろう。創造し、思索し、子どもの誕生を待つ男女の多くはそのことを知っている。

母語から亡命へ、たとえばオイディプスのようにさまよう死から、墓の秘密についての誓いへ、デリダはさまざまな閾を越えるよう呼びかける。

そして誓いについては次のように言う。「誓いとは何か。それは必然的におのれのうちに誓約違反（parjure）の可能性をはらんでいるのではないか」と。こうしてデリリダはもうひとつの限界への移行へとわたしたちを誘い込んで拘束する。約束や誓いとしての出来事が、それを作り出した本質そのものの一部を保持しながら、逆転したり崩壊したりするような正確な瞬間を思考することなのだ。

デリダは記している。「異邦人であり、愛するお気に入りの主人でもあるテセウスに、オイディプスは彼の最後の意思表明の瞬間に声をかける。おのれの隠れ＝墓所《クリプト》についての秘密を打ち明けることによって脅迫的な命令を与えた瞬間に、この主人は誓いによって束縛された人質となるのだ。といってもテセウスが発した誓いではなく、オイディプスの言葉だけによって神々の前で非対称的に拘束されることになってしまった誓いによってである」。

隠れ＝墓所《クリプト》が思い出させてくれるものは、呪いで封印された穹窿（voûte）である。魔術が語りを歌に変えるのに対して、呪いは墓所のごとき閉鎖をもたらす。十七世紀の初頭に世界は脱魔術化され、たとえばもはや読みえない世界にいるドン＝キホーテのように、表徴の中に迷い込んでしまったが、二十世紀には言葉《パロール》こそがより根源的な次元で脱魔術化されてしまった。オイディプスはテセウスに宣誓させる。だがショアー以後、誓いはなお可能なのだろうか。ショアー以後になって、言葉はたんに民族の殲滅を合理的に正当化するだけではなく、誓いの意味そのものを破壊するのに役立つようになってしまった。他者に与えられた言葉〔＝約束〕、人間の言語において言葉が担う聖なるものの意味そのものを。歴史のこの思考不可能な瞬間において、すべてが言われ、書かれ、証言されてしまった。戦争の外傷を問題にしようというわけではなく、戦争がもたらした根源的な脱魔術化が、人間性において、そしてわたしたちを他人に対する「約束に拘束」していたものにおいて、何かをおそらく永遠に損なってしまったのだ。約束と誓いの空間の可能性そのものを開いてくれる言葉が、かくもずたずたにされてしまったのは、西欧では初めてのことではないか。ナチズムの登場とともに、民族全体、国家、そして無数の人間が、言葉そのものを変質させてしまうことを目的とする言葉によって「呪われ」てしまったのだ。強制収容所の被収容者は、もはやこの言葉を発することはできず、あらかじめおのれ自身を放棄するように説得させられた。もはや人間的なものは何も持たないのだから。だが言葉とは人間の持つ性質の中で、それ自身以外のものによって強制されることのない唯一のものである。誓約に違反するのも語りながらなのだから。だから言葉が強制されたのは言語の内側からなのであり、それは合理化が押し進められて、想像もつかないほどの倒錯の水準にまで達した結果なのだ。いかなる野蛮さも、いかなる暴力の拡がりも、いかに徹底したテロ行為といえども、言語の端緒そのものにおける根源的な虚偽を体系化したことはなかった。映像とメディアの驚くべき発達には、言語との破棄された契約の事後効果を見て取ることができる。英語でいう disbelief〔不信〕は、わたしたちの言語との関係と同時に〈他者〉との関係にも襲いかかっている。かつて〈他者〉は、誓いにおいて、他人や隣人にたいする約束を保証する第三者であったというのに。誓いとは、主体としての私が発したり受け取ったりする、繰り返し更新される宛先《アドレス》なのだ。

技術とは、大いなる他者の不在によって構造化された世界（そこでは他人の、そして自己自身の責任を取ってくれるものは誰もおらず、どちらも言語・倫理・超越などの第三者への関係に溶けこんでしまう）を変容することによって、現実界のシミュレーションの可能性を開くものである。終りなき鏡の戯れの中で繰り返される同一者の論理だ。呪いが穹窿の内への閉じ込めを意味し、そこで身体はこのうえない重みに沈んでしまうとするならば、今日ではこうしたものからわたしたちは解放されているように思われる。コミュニケーション、情報、交換の非物質化は、一見したところ重みから解放されたようにも見える現実界の新たな流動性を示す。だがこうした見かけにもかかわらず、呪いと隠蔽＝暗号化（encryptement）はある。私の考えでは、現代ほど物質の重みを受けている時代はなく、ひとは視覚的なものであれ、触覚的なものであれ、物に支配され、現実界の泥沼にはまりこんでしまっているのだ。Ｗｅｂのネットワークに逃げ込んだとしても、ますます限定された場と時間に包囲され、そこに書き込まれてしまうだけのことだ。その証拠に遊牧民族などのあらゆる移動が迫害されていることを挙げてもよい。遊牧民族や季節移動する住民たちがいたとしても、それは今日では戦争のために亡命を余儀なくされた人たちばかりである。他方、家族、個人、氏族などが国や法や習慣を自分の意志で変えようとしても、それは――国境なきヨーロッパの閾＝戸口において――完全に禁じられてしまっている。彼らの歴史、アイデンティティ、負債などがついてまわり、彼らがガラス製のチェス盤の上にいるかのように、確実に捕えてしまうからだ。

こうしたさまざまの省察によって、亡命の問題が提起される。リクールの見事な表現を使うならば「他者としての自己自身」が到来するには、亡命が必要なのだ。とはいえ、思考が根を奪われ、意味すら伝達されなかったとしたら、何が起きるのだろうか。また人間存在から物や家などではなく、それを内在性に結びつけているものが奪われてしまったとしたら、どうなってしまうのだろうか。わたしたちはつねに言葉と死を身に携えているのだから、墓所は言語と不可分なものであるとデリダは考えている。だが、それでは墓所は病院に移ってしまうと、どうなってしまうのだろうか。生誕と死を、苦しみと平和のための譲渡できない秘密の場を、我が家から追放してしまったら、墓所はどうなってしまうのか。デリダの限界への移行はこうした問いを切り開く。

こうした限界への移行、というよりは限界の外部への誇張的な移行は、思考そのものだけではなく、わたしたち自身のことを教えてくれる。発見の驚きが与えられるからだ。書かれたテクストが言説の裂け目と不調和を解体し、言説の織物の連続的な展開に注目するのにたいして、言葉《パロール》はそうした裂け目や不調和をさらけ出す。われわれは言葉に包み込まれるようにはテクストに住み込まないのだ。アーレントは「いずれにせよドイツ語が狂ったのではないのですからね！」と述べたが、講義でデリダはこうした言葉の自明さから話を始め、即座にこの地盤に地崩れを起こさせ、その穏やかな自明性の場を解体するのだ。キルケゴールはたとえば『おそれとおののき』で殺人と信仰行為のパラドックスを取り出したが、同様にデリダも至高の理性が宣誓した世界から次第に離脱していく。彼の「脱構築」の運動はすでにお馴染みのものだが、この運動が穴を穿つ運動でもあることはときどき忘れられてしまっている。これはごく親しいものに不安をかき立てるような、不気味さを誘い出す運動なのだ。「そこでは何も見えないのだが」。

限界への移行の最後の例を挙げることにしよう。ここでデリダが問題視する自明性はほとんど笑いを誘う。それは「人間が歓待を与えるのは人間にたいしてだけだ」という言葉に要約される。動物に、さらには植物に歓待を与えようなどというのは、たしかに奇妙なことだろう。心配はいらない、歓待はたしかに人間の特性なのだ。デリダは一気に議論を逆転させる。「動物の場合にこそ、自分と同じ種にたいしてのみ歓待を与えると言うことができる。それもおそらくは決まり切った儀式に従ったものだ」。猫が鳥に歓待を与えたとしたら、ひどい結果に終るだろう。ジャコメッティの彫刻なら話は別だが[13]。

したがって、人間は他人、あるいは他の女性や子どもにしか歓待を与えることができないということ、それは動物という種を一種の他者とみなすことだ。デリダは指摘する。「反対に、人間の特性は、動物にたいして、植物にたいして歓待を開くことができることなのではないか……そしておそらくは神々にたいしても」。

誇張法はつねにまずは問いとしてやってくる。それは思考可能なものの領野の限界を拡げ、不安をかき立てる地帯に接近し、それを近しいと思っていた領土の中に据え付ける。忘却と秘密の中にあった問いを蘇らせるのだ。デリダは指摘する。「動物にたいする歓待を認めないとすれば、神もまた排除される」。

このほとんど謎めいたデリダの言葉は俗と聖の関係という巨大な問題を提起しているのみならず、動物の本質と神の本質のあいだに、知られざる対応関係があるかもしれないことを示唆している。トーテム文明の痕跡は消し去られてしまったが、動物にたいする歓待の可能性の場を、忘却の底から引き上げなければならないのではないか。次には神的なものがわたしたちのもとを去ってしまうおそれがあるのだから。「ある地方では、迎え入れられる異邦人は、その日だけは神である」。そしてデリダは付け加える。「だがもう一歩踏み込んで、死にたいする歓待についても思考しなければならない。死者や死すべき者のことを思い出すことのないような記憶は記憶ではあるまい。死者にたいして、回帰する幽霊（revenant）にたいして与えられることがないような歓待は歓待とはいえまい」。

「訪れてくる死者とは亡霊である」。デリダは死にたいする歓待の問いに踏み込むために、〔モリエールの〕『ドン・ジュアン』の最終の場を読み直す。この場でドン・ジュアンは騎士の墓の前で威張り散らす。騎士はドン・ジュアンの招きに応ずるのだが、それは「ドン・ジュアンを招き寄せて、彼のほうが騎士のもとに来るようにするためなのだ」とデリダは強調する。「挑戦が挑戦に応じる。死の贈与に対する死の贈与だ」。

亡霊はまずヴェールをかぶった女性の姿で現れる。「何なのか知りたいものだ……」とドン・ジュアンは問う。そのために命を落としかねないのだが。「ドン・ジュアンは、ハムレット同様、簡単にはだまされない」とデリダは皮肉っぽく指摘する。「手を貸せ！」と騎士は挑発する。「要求された手、与えられた手は通常は助けや結婚を象徴する。だがここでは死の手である」とデリダは続ける。彼はこうして助け・結婚・死という三角形を作り出すが、それによって歓待の問いは、通常は認められていない重大な場に書き込まれることになる。有限性と愛の脅威のもとで歓待を思考するという重大な場に。

デリダはまた死の散種的な論理をも暴き出していると思われる。死はおのれが触れるものを運び去るのであって、「訪問する」のではない。死がおこなう歓待は決定的なものであり、取り返すことのできないものだ。エウリュディケを探すオルペウスのように、死からエウリュディケを取り戻そうとして、彼自身が連れ去られてしまう。

さらにデリダはあえてもう一歩踏み込んでいく。「なされた招待、返却、明け渡しの論理においてこそ、飛び地の論理が書き込まれている」。すなわち、もはや主権を持たない場の論理が。分離され、囲まれ、分割所有された場、通われる場＝幽霊の出る場（lieu hanté）。デリダは説明する。「亡霊の通う場（lieu de hantise）とは、亡霊のいない場所のことである。亡霊が通うのは、亡霊なしで存在する場にである。亡霊は自分が排除された場に戻ってくるのだから」。

このように、デリダの思索はふたたび場の問いに、死すべき者との引き受けられることのない関係に戻ってくる。死すべき者とは、排除という思考されないものからやって来て、わたしたちに取り憑くものだ。それは歓待という招待の運動を思考させる。人々が、金の紐で飾られた動物をかぶって憑依状態に至るまで踊っていた島々からわたしたちは遠く離れてしまった。動物の中には死者が閉じこめられていた。それは魂が近親者を呼び寄せに戻ってこないようにするためなのだ。歓待という招待の運動を、わたしたちは動きのない喪のなかで、忘れてしまったのだろう。それは、わたしたちの人間性をもう少しよく知りたいという欲望に捧げられていたというのに。

哲学という、殺伐としていることの多い地帯に、言葉による歓待を与えてくれたジャック・デリダに感謝したい。彼の言葉はおそれずに亡霊に立ち向かい、生者にたいして間道を開いてくれたのだから。

原注

（1）こうした強迫観念＝取り憑きは、講義の多くの主題として与えられている。たとえば「証言」「友愛」「秘密」「食人《カニバリズム》の修辞学」など〔obsession および obséder という動詞はレヴィナスの用語としては、たとえば隣人が、主体のあらゆる能動的な引き受けに先立って到来し、主体を召還し、憑依し、つきまとうことを指す。したがって「強迫観念」といった心理的なものではないが、必ずしもデリダやデュフールマンテルがレヴィナスそのままの意味で使用しているわけでもないので、以上の意味を踏まえて適宜訳し分けた〕。

（2）hostis という語は、ラテン語で主人（hôte）という意味だけではなく、敵という意味も持つ〔この点については訳注1参照〕。

（3）セーレン・キルケゴール『哲学的断片のための後語、最終稿』（S. Kierkegaard, *Post-scriptum définitif aux Miettes philosophiques*, Editions de l'Orante, *Œuvres complètes*, t. XI, p. 22）。

（4）F. Nietzsche, *Ainsi parlait Zarathoustra*,《Le chant du marcheur de nuit》, trad. M. de Gandillac, Paris, Gallimard, 1971, *Œuvres complètes*, t. VI, p. 341-342〔吉沢伝三郎訳『ツァラトゥストラ（下）』「酔歌」、『ニーチェ全集 10』所収、ちくま学芸文庫、一九九三年、三三七頁〕。

（5）F. Nietzsche, *Ecce Homo*, Paris, Gallimard, 1974, réimp. 1990, *Œuvres complètes*, t. VIII, p. 277〔川原栄峰訳『この人を見よ・自伝集』、『ニーチェ全集 15』所収、ちくま学芸文庫、一九九四年、七九頁〕。

（6）J. Patočka, *Liberté et Sacrifice*, trad. E. Abrams, Grenoble, éd. Millon, 1990, p. 36.

（7）パトチカによるアンティゴネの解釈については、アンリ・デクレーヴが見事な文章を書いている。「人間はたんに分裂したものだけではなく、同時に和解でもある。夜に直接触れることによって、恐ろしいものや死者とともに、掟と意味の昏い明るさがほとばしる。人間の頑固な理性の掟や意味よりも本来的な明るさが。アンティゴネという人物が、根元的な女性性において思い出させるのはこのことだ」《Le mythe de l'homme-Dieu》, in E. Tassin et M. Richir (éd.) *Patočka, philosophie, phénoménologie, politique*, éd. Millon, 1992, p. 131〔原文には「前出」とあるが誤りなので訳者が補足した〕。

（8） J. Patočka, *L'Écrivain, son «objet»*, trad. E. Abrams, Paris, P.O.L., 1990, p. 52〔原文には *Platon et l'Europe* が指示されているが、誤りなので訳者が訂正した〕。

（9） *Ibid.*, p. 53.

（10） *Ibid.*, p. 59.

（11） Cf.《Donner la mort》in *L'Éthique du don, Jacques Derrida et la pensée du don*, Métailié, 1992〔repris in *Donner la mort*, Galilée, 1999. 廣瀬浩司訳「死を与える」、『死を与える』所収、ちくま学芸文庫、二〇〇四年〕。

（12） *Ibid.*, p. 141.

（13） マーグ夫人が、「鳥を食べてしまう」と言って猫を嫌っていたので、ジャコメッティは彼女の誕生日に、盆を差し出しているブロンズの猫をプレゼントした。「〔鳥の餌の〕パン屑をのせるためにね」とジャコメッティは笑って言った。

異邦人の問い：異邦人から来た問い

ジャック・デリダ

第四回講義（一九九六年一月十日）

異邦人の問い〔＝異邦人を問うこと〕、それは異邦人の／異邦人からの問いではないでしょうか。異邦人からやって来た問いなのではないでしょうか。

異邦人の問いそのもの（*la* question）について語る前に、まずは異邦人の／異邦人からの問い（question *de* l'étranger）とは何なのか、解明しておかなければならないでしょう。この強調点の違いを、いったいどのように聞き取ればよいのでしょうか。

わたしたちは前に述べておきました。異邦人の問いがある。この問いに——それとして——取り組むことが緊急事項なのだ、と。

それはたしかなことです。けれども、論じるべきひとつの問いとなるに先立って、そして概念や主題や問題やプログラムを指し示すのに先立って、異邦人の問いは、異邦人からの問いであり、異邦人からやって来た問いなのです。そしてまた、異邦人への問い、異邦人に宛てて差し向けられた（adressé）問いでもあります。あたかも異邦人とは、まずは最初の問いを提起する者であり、ひとが最初の問いを差し向ける者であるかのように。あたかも異邦人とは、問いただされている存在 (l'être en question)、問いただされている存在の問いそのものであり、問いとしての存在 (l'être-question) であり、問いそのものが問いただされることであるかのように。そしてまた異邦人とは、最初の問いを提起することによって、私を問いただす者でもあるかのように。たとえば、レヴィナスが「問いの誕生」として分析している第三者の状況や正義について考えてみてください。*1

すでに予告しておいたことですが、異邦人の場から、そしてそのギリシャ的状況から問いの問いを投げかけるのは後にまわすことにして、さしあたっては冒頭の銘 (exergue) としていくつかの指摘をおこない、いくつかのテキストを読むことにしましょう。

親しいと思い込んでいた場への回帰――プラトンの多くの対話篇のなかで問いを発するのは「異邦人=客人」(クセノス) です。異邦人は問いをたずさえ、問いを提起します。まずは『ソピステス』(藤沢令夫訳『ソピステス』、『プラトン全集 3』所収、岩波書店、一九七六年) を考えてみることにします。異邦人が赦しがたい問い、父殺し的な問いを発して、パルメニデスのテーゼに異議を申し立て、われらが父パルメニデスのロゴス（ton tou patros Parmenidou logon）を問いただします。異邦人は父のロゴスの強迫的な独断主義を揺さぶるのです。「存在は存在し、非存在は存在しない」というロゴスに。あたかも異邦人はまず第一に、家族の長、父、主《あるじ》、「家の主人」の権威に楯突かなければならないかのように。これらこそが歓待の権力＝能力（pouvoir）であり、さんざんお話しした hosti-pet-s の権力＝能力にほかならないのですが。*2

『ソピステス』に登場する異邦人は、詭弁法の可能性をなんとか釈明しなければならない者に似ています。あたかも異邦人は、ソフィストを思わせる特徴、都市《シテ》または国家がソフィストとみなす者の特徴を持って現れるかのように。つまり異邦人は、ほかの人と同じように話さない者、奇妙な言語《ラング》を話す者とみなされるのです。けれどもクセノス〔異邦人＝客人〕は、自分が父殺しとみなされないよう、頼みます。「もうひとつ、きみに頼みたいことがある。どうか私が、いわば父殺しのような人間になると、とらないでくれたまえ」。するとテアイテトスはたずねます。「いったいそれは、どういうことですか」。クセノスは言います。「われわれは自衛のためにどうしても、父なるパルメニデスの言説（logon）を吟味にかけて、〈あらぬもの〉（非有）が何らかの点であること、他方逆に〈あるもの〉（有）が何らかの仕方であらぬということを、力ずくででも立証しなければならないことになるだろう」〔241D〕。

この異邦人の問いは、じつに恐るべき問いであり、革命的な仮説です。彼は〔フロイトの言う〕否認を弄することによって、父殺しにならないよう自己弁護しているのです。じつは自分は父殺しであり、潜在的には父殺しなのだ、とひそかに思っていなかったとしたら、つまり「非存在は存在する」と言ってしまうことが、結局は父パルメニデスの論理にたいする挑戦、異邦人から来た挑戦になってしまうとひそかに思っていなかったとしたら、彼は自己弁護しようなどと思いもしなかったことでしょう。父殺しというものはすべてそうなのですが、この父殺しも家族の中で起きます。異邦人はいわば家族の中に〔＝内輪に〕(en famille) いるのでなければ、父殺しとはなりえません。父に言及するたびに、このような家族のいざこざや世代間格差が記されるわけですが、これがどのような含みを持つかについては、もう少し後で述べることになるでしょう。異邦人の言葉にたいするテアイテトスの答えは、フランス語訳〔*Le Sophiste*, texte établi et traduit par A. Diès, Paris, 《Les Belles Lettres》, 1955〕ではいささか弱められてしまっています。しかし彼の答えの中には、論戦的な性格、好戦的とも言える性格が、しっかり記録されています。これはたんなる議論以上のものなのです

（「議論（débat）」という言葉は、以下のテアイテトスの答えを翻訳するときに、慣例的に使われる訳語です）。彼は次のように言っています。Phainetai to toiouton diamakheteon en tois logois「その点においてこそ戦わなければならないのは明らかです。明らかだと見えます。たしかにそう思われます」。diamakheteon とは戦い抜くことです。すなわち「その点においてこそ、logoi の中で、議論の中で、言説《ディスクール》の中で、ロゴスにおいて戦いを起こさなければならない」と訳すべきです。ディエスのフランス語訳のように、「むろんのこと、そこにおいてこそ議論を引き起こさなければならない（C'est là, évidemment, qu'il nous faut porter le débat）」（241D）などと穏和に訳すべきではありません。もっと深刻な口調にして、「その点においてこそ、言説における、あるいは議論における、武装した戦争や戦闘があるべきだと確かに思われる」と訳すべきでしょう。ロゴスに内在する戦争――これこそが異邦人の／異邦人からの問いです。それは二重の問いであり、父と父殺しのあいだの口論なのです。そしてまた、歓待の問いとしての異邦人の／異邦人からの問いが、存在の問いに連結する場でもあります。ご存じのことと思いますが、〔ハイデガーの〕『存在と時間』は銘文に『ソピステス』を引用しています。

できることならば、コンテクストのほぼ全体を再構成するべきでしょうし、少なくとも「異邦人＝客人」の応酬に続くシークエンスを読み直してしまったほうがよいでしょう。この応酬は、失明と狂気の両方を同時に語っています。失明が奇妙にも狂気に結びつくことを。

まずは失明について。「その点において戦争を起こさなければならないということは明らかだと見える（phainetai）」というテアイテトスの答えを聞くと、「異邦人＝客人」はさらに調子をせり上げて、次のように答えます。「明らかだとも、盲人にさえもね」。彼は修辞的な問いの形でこう言っています。これは問いのシミュラークルであり、英語では rhetorical question〔修辞疑問〕と呼ばれるものです。「どうして明らかでないわけがあろうか、よく言われるように、盲人にさえも明らかではないか（kai to legomenon dè touto tuphlô?）」。

次に狂気について。このような戦闘をおこなうには、つまり父のテーゼの反駁になりかねないようなことをするには、自分では弱すぎるとクセノスは語ります。弱すぎて、父殺しなどできない。そのために必要な自信が持てないのだ。そもそも父殺しである「異邦人」、つまり異国の息子が、自信など持てようか、と。目を眩ませ、気を狂わせるような明白な事実を強調しておきましょう。彼は「異国の息子」なのです、父殺しは息子以外のものではありえないのですから。彼は危惧しています。非存在の存在に疑問を提起しようとしたら、狂人（manikos）と思われてしまうのではないか。異国の・狂った・息子とみなされるのはおそろしい。フランス語訳は次のようになっています。「そこで、私が言ったことのせいで、頭のおかしい人（détraqué）［manikos を直訳すれば狂人（fou）、気のふれた人（cinglé）、奇人（maniaque）――デリダ］だと君に思われることになりはしないかとおそれているのだよ。一歩あるくと態度を豹変させてしまうような狂人（para poda métaballôn emauton ano kai kato. 頭の先と足の先が、上と下がそっくりひっくり返り、上下さかさまで、頭のてっぺんで歩くような狂人）だとね」。

「異邦人」は恐るべき問いをたずさえ、それを提起しますが、彼はロゴスという理性を備えた父の権威によって、自分が問いただされてしまっていることを見て取り、予見し、前もってわきまえているのです。ロゴスという父の審級は彼の武装を解除し、狂人とみなしてやろうと準備しています。彼の問い、異邦人の／からの問いは、盲人にも明らかであるはずのことを思い出させようとしているだけだと思われるのですが、まさにその瞬間に、武装解除してやろうとするのです。

「異邦人」が潜在的には父殺しの息子を具現していること。そして、彼は盲人でもあり、目の見えすぎる者でもあるということ、つまり盲人に見えない場所を代わりに見る予見者であるということ。こうしたことはオイディプスのある種の姿に無縁ではありません。彼が境界《フロンティア》＝国境を越える姿を後で見ることになるでしょう。オイディプスの到着が後で問題になりますが、この盲目の〈異邦人＝よそ者〉がふと到来（arrivance）するとき、そこにあるのは問いそのものなのです。アンティゴネが彼を支えています。盲目の彼の代わりに見てくれるアンティゴネが。しかるべきときが来たら、町に到達しようとしているオイディプスに出頭を命じることになるでしょう。

それまでのあいだ、プラトンの著作にもうしばらくとどまるために、わたしたちは『ポリティコス』を読み直してしまうこともできるでしょう。この作品でも「異邦人＝客人」が、恐るべき問い、赦しがたいものでもある問いの主導権を握っています。もっとも、この作品では〈異邦人〉は見かけ上は快く迎え入れられています。彼は庇護を与えられ、歓待を受ける権利を持っています。対話の冒頭の文章で、まずソクラテスはテオドロスに感謝します。おそらくテアイテトスに会えただけでなく、同時に〈異邦人〉とも知り合いになれたのはありがたいことだ（ama kai tes tou xenou）、と。そして〈異邦人〉が彼らに向ける問いによって、激しい議論が始まり、それは激しい戦闘ともなります。そしてこの問いは、まさに政治的な＝ポリス的なもの（le politique）についての問いであり、政治的な＝ポリス的な存在としての人間についての問いなのです。あるいは、ソフィストの問いの後で、政治的＝ポリス的人間の問い、政治的なもの＝ポリス的なものの問いがやってくる、と言ったほうがよいでしょう。というのは、『ポリティコス』の対話は、時間的にいっても論理的にいっても、『ソピステス』の後にくるだろうからです。つまり、プラトンの作品と論説《ディスクール》の年代順〔時間的《クロノ》‐論理《ロジー》〕からみて、そう言えるわけです。さて、ソフィストの問いに続いて『ポリティコス』で提起される〈異邦人〉の問い＝プログラムは、まさに政治的なものの問いです。クセノスは言います（258B）。「さあそこでだが、ソフィストについての考察のあとで、われわれが徹底的に探求しなければならない（diazetein）のは、政治的なもの（政治的人間 ton politikon andra）についてだ。そこでひとつ答えてくれたまえ、われわれとしてはそれを知識を持っている人々（tôn epistemonôn）の中に含まれると見るだろうか、それともそうではないだろうか」。「そうです」と若いソクラテス、もう一人の〔＝別の〕ソクラテスは答えます。そうすると、前に検討した人物、すなわちソフィストたちと同じように、学問を分割することから始めなければならないな、と〈異邦人＝客人〉は結論します。

ときには、異邦人はソクラテス自身であることもあります。問いとアイロニー（「アイロニー」という言葉自体が問いを意味しています）の人である迷惑なソクラテス、産婆術的な問いの人であるソクラテス自身が、異邦人の特徴を備え、異邦人を代表し、異邦人を表し、異邦人でない彼が異邦人を演じるのです。彼がそうしたことをしているのは、ある非常に興味深い場面においてです。すでに推薦したことがありますが、アンリ・ジョリ（Henri Joly）は、死後出版された素晴らしい著作『異邦人たちの問い』（*Études platoniciennes, La Question des étrangers*, Vrin, 1992）の冒頭でこの場面を論じています。

『ソクラテスの弁明』（17D）の法廷弁論の冒頭においてソクラテスは、アテネの市民と裁判官たちに向けて語っています。彼は、自分が一種のソフィストないしは言葉巧みな弁論家であることを否認します。そして予告します。彼を告発する嘘つきに対抗して、自分はおそらく正しいことと真であることを語るだろう。しかしそのときにはきらびやかな修辞も、優美な言葉も用いない。法廷の言葉遣いや法廷の演説については、自分は「無縁＝異邦人」なのだ。こんな裁判所の言葉や、法とか告発とか抗弁とか口頭弁論とかいった修辞を使うことはできない。その技術もない、よそから来た異邦人のような者なのだ、と。（ここで生じる大問題のひとつに、異邦人が話す言葉の問題があります。異邦人は言葉を話すのが苦手なので、彼を迎え入れたり追放したりする国の法（droit）を前にすると、つねに無防備になってしまうおそれがあります。異邦人は、まずは法の言語にたいして異邦人＝無縁なのです。ところが、まさにこの法の言語において、歓待の義務、庇護権、その限界、規範、規律《ポリス》などが表明されているのです。彼は、定義からして自分のものではない言語で、歓待を要求しなければなりません。家の主、もてなす主人、王、領主、権力、国《ナシオン》、国家《エタ》、父などがこの言語を課し、自分たちの言語への翻訳を要求してきます。これが最初の暴力です。ここで歓待の問いが始まるのです。わたしたちは異邦人を迎え入れる前に、そして彼を迎え入れるために、わたしたちの言うことを理解すること、わたしたちの言語を語ることを要求するべきでしょうか。ただし、言語《ラング》という言葉をすべての意味で、可能なすべての意味の広がりにおいて理解してください。もし異邦人がすでにわたしたちの言語およびそれが含意するすべてのことがらを話したとしたら、そして言語によって共有されるものすべてを、わたしたちとすでに共有していたとしたら、それでも異邦人は異邦人なのでしょうか。彼について庇護だとか歓待だとかを語ることができるでしょうか。わたしたちがこれから明確にしようとしているのは、こうしたパラドックスなのです。」

忘れてはなりませんが、ソクラテスは今おのれの生命を賭け、この賭けにまもなく敗れ去ろうとしています。そんなとき、彼はいったい何を言うのでしょうか。「異邦人」として「=のごとく」自己を提示しながら、彼は何を言おうというのでしょうか。つまり、(フィクションによって) 異邦人であるかのように自己を提示すると同時に、話す言語ゆえに実際に異邦人になってしまう者として自己を提示しながら (何を語ろうとも、じつは彼は巧みな法廷的な否認を弄することによって、こうしたことを条件として要求してさえいます)、彼は何を言おうというのでしょうか。彼は、自分が話せないと称している言語によって告発されている異邦人になろうとします。ソクラテスは、都市国家《シテ》の法と裁判官の前で、他者の言葉で自己を正当化するよう命ぜられている被告になろうとしているのです。だから彼は、アテネの同胞や裁判官に向けて語り、彼らをあるときは「裁判官」と呼び、あるときは「アテナイ人諸君」と呼んでいます。彼らは裁判官として〔＝裁判官のように〕語るのであり、市民権の名において語る市民として語ります。ソクラテスはこの状況を逆転させます。彼らに異邦人として取り扱ってくれるよう要求するのです。異邦人にたいしては配慮を求めることができます。彼は高齢ゆえに異邦人であり、彼が日頃使っている言語ゆえに異邦人なのです。それはあるときは哲学の言語であり、あるときは日常の言語、一般人の言語なのです（これは裁判官、詭弁法、修辞学、法律上の瑣末な議論などの学問的な言語に対立します）。

それはありあわせの言葉でもって、むぞうさに語られることになるでしょう。それはつまり、私の言おうとしていることが、正当であると信ずるからなのです。そして諸君の何ぴとも、それ以外の弁論を期待してはいけない。なぜなら、それにはまた、諸君よ、私のような年の者が、あなたがたの前に呼び出されて、いたずら小僧のように、いいわけをこしらえたりするのは、どうもこの年齢に似つかわしくないでしょうからということもあります。それからまたもう一つ、ぜひ、アテナイ人諸君よ、諸君のご諒承を願いたいことがあります。それは私が、よその場所でも、また市場にある両替屋の店先などでも、ふだんしゃべりつけていて、多数の諸君がそこで聞かれたのと、同じ言葉をつかって、いま弁明するのを聞かれても、そのために驚いたり、騒いだりしないでほしいということです。それはつまり、こういう事情があるからなのです。私は、もう年が七十になっているが、裁判所へやって来たのは、いまが初めてなのです。だから、ここの言葉づかいは、私にはまるでよその言葉なのです［「まるでよその」の原文は atekhnôs oun xenos ekho tes enthade lexeos です。オメガを含むアテクーノス（atekhnôs）は「ただたんに、まったく、絶対に」という意味ですから、「まるでよその」という翻訳は間違いではありません。けれども、この語が「ただたんに、まったく、絶対に」という意味になるのは、それが第一に「単純に、簡素に、技巧なしに、テクネー（tekhnè）なしに」という意味を持つからなのです。だからこの語はオミクロンを含む atekhnos という語に非常に近く、まさしく「経験がなくて不慣れな、技術のない、不器用な、技量のない」という意味を持ちます。「私はたんによそ者［＝異邦人］なのです、ただひたすら技能を持たず、頼るものもなく、頼む手段もないよそ者なのです」ということです――デリダ］。だから、もし仮に私が、本当によそから来た者だとしたなら（ei tô onti xenos etugkanon ôn）、そのなかで私が育てられてきたなまりや方言で語ったところで［なまり（accent）とフランス語訳されているのは、フォネー（phonè）です。また、方言（dialecte）ないしは個人言語（idiolecte）と訳されているのはtroponであり、これは転義（trope）、言い回し（tournure）、特有言語（idiome）に固有な修辞学的な言い方など、要するに語り口（façon de parler）を意味します——デリダ］、きっと諸君は、事情を察して、私を許してくれるでしょう。(1)

この一節はもうひとつ別のことも教えてくれます。ジョリが指摘しており、後で引用するバンヴェニストも言っていることなのですが、アテネで異邦人はさまざまな権利を持っていました。異邦人は法廷に入る権利を認められていました。それはソクラテスが仮説を立てている通りです。彼は次のように言います。もし仮に、私がここ、法廷において異邦人だったとしたなら、私のなまりや声や話し方だけでなく、自発的で独創的で個人的な修辞《レトリック》を使った語り口も許していただけるでしょう、と。だから異邦人の権利があるのです。アテネの異邦人のための歓待の権利が。ソクラテスの修辞の緻密さ、アテナイ人ソクラテスの法廷弁論の緻密さは、いったいどの点にあるのでしょうか。それは異邦人としてさえ取り扱ってくれない、と不満を訴える点にあります。もし仮に私が異邦人だったとしたならば、あなた方のように話さず、特有言語《イディオム》を持ち、技巧のない法律的でない話し方をし、もっと民衆的であると同時にもっと哲学的でもある話し方をしたとしても、もう少し寛容に受け入れてくださることでしょうに、というわけです。異邦人つまりクセノスというものが、たんなる絶対的な他者や、完全に排除される異質な野蛮人《バルバロス》や未開人ではないということは、ギリシャの諸制度を論じる際に、バンヴェニストも同じ論文で指摘している通りです。この論文の前半で、バンヴェニストはホスティス（hostis）という語の一般論とその逆説的な系譜を論じていますが、この点についてはすでにこれまでの講義でたっぷりとお話ししておきました。以前の何回かの講義で論じておいたことですが（それに立ち返ることはしません）、まずバンヴェニストは、交換における「引き換え（contre）」の互酬性と平等性について、この議論の論理を追及していきます。そのうえで彼は、次のように主張します。「同様の制度は古代ギリシャ世界においても別の名前で存在している。クセノスという語は、明確な義務を含む盟約《パクト》によって互いに結びつけられた人々の間の、同種の関係を指す。この義務は子孫にまで及ぶ」（『インド＝ヨーロッパ諸制度語彙集 I』、八八頁）。

この最後の点は決定的に重要であり、すぐ後に検討することになるでしょう。この盟約、つまりひとを異邦人にたいして束縛し、相互的に異邦人をも束縛するこの歓待の契約は、個人を越えた次元でも有効なのか、それは家族や世代や家系の次元まで広がっていくのか、こうしたことが問題なのです。これは——土地と血に結びついた——生まれながらの権利としての、国籍や市民権を要求する権利、という古典的な問題ではありません。もちろん関係はあるのですけれど。またたんに、出生と国籍の結びつきが問題なのでもありません。つまり、たんにかつて市民権を持っていなかった者にたいして与えられる市民権が問題なのではなく、異邦人としての異邦人に付与される権利、異邦人であり続け、身内や家族の子孫のもとにとどまる異邦人に付与される権利が問題なのです。

よく反省してみなければならないことは、一世代以上にわたるこの家族的または系譜的な権利は、根本的には権利や「盟約」を拡大したものではないということです(これはバンヴェニストの言葉ですが、彼は契約 (engagement) の相互性を強調しようとしています。異邦人は権利だけではなく、相互的に義務も持っている。これは、異邦人の素行の悪さが批判されるときに、しばしば持ち出される議論です)。この権利は、たんに個人的な権利を拡張したものではありません。つまり、まず個人に与えられた権利を、家族や複数の世代にまで拡大したものではないのです。この権利が反映し（réfléchir）、わたしたちに反省すべきものとして与えてくれる（nous donner à réfléchir）こと、それは次のことです。歓待の権利というものは、そもそも初めから、家屋、一族、家族を拘束し、家族的ないしは民族的集団を迎え入れる家族的ないしは民族的集団を拘束する、ということなのです。まさに法、習俗、エートス〔習慣・住居〕、人倫（Sittlichkeit）〔ヘーゲルの用語〕などの中に書き入れられているからこそ、前回お話しした客観的道徳性は、契約者たちの社会的・家族的地位を前提とするのです。[*3] これは、彼らが名前で呼ばれる可能性、名前を持ち、法の主体となる可能性、つまり尋問され、刑を受ける義務を持ち、責めを受け、責任があり、名づけうるアイデンティティを持ち、固有名を与えられた主体となる可能性にほかなりません。固有名はけっして純粋に個人的なものではないのです。

わたしたちに与えられた、この意味深い事態にしばらくとどまろうと思うのなら、もう一度パラドックスないしは矛盾を指摘しておかなければならないでしょう。歓待を受ける権利は、「家族の中の＝内輪の」異邦人、つまりファミリー・ネームで代表され、保護されている異邦人にたいして差し出されます。そして、この歓待への権利は、歓待そのものや歓待による異邦人との関係を可能にするものではありますが、同時にそれを限界付け《リミット》、禁止するものでもあります。というのも、匿名の到来者[*4]（arrivant）、名も姓も持たず、家族もなく、社会的地位もないがゆえに、異邦人としても取り扱われず、野蛮《バルバール》な他者とみなされるような者にたいしては、歓待は提供されないのですから。このことについてはすでに触れておきました。異邦人と絶対的他者の差異、気づかれないこともある微妙な差異のひとつは、絶対的他者は名前もファミリー・ネームも持てない、という点にあります。私が提供しようとする絶対的ないし無条件の歓待は、通常の意味での歓待、条件付きの歓待、歓待の権利や契約などと手を切ることを前提としています。そうは言ったものの、この場合でも堕落〔=倒錯〕の可能性（pervertibilité）をなくすことはできないことはあらためて考慮に入れておかなくてはなりません。歓待の掟、歓待という一般的な概念を支配する形式的な掟は、逆説的な掟であり、堕落〔=倒錯〕の可能性を持ち、また堕落〔=倒錯〕させる可能性を持つような掟として現れてきます。それは、絶対的な歓待が、権利あるいは義務としての歓待の掟と手を切り、歓待の「盟約」と手を切ることを命じているように思われます。別の言葉で言い換えるならば、絶対的な歓待のためには、私は私の我が家《マイホーム》(mon chez-moi) を開き、(ファミリー・ネームや異邦人としての社会的地位を持った) 異邦人にたいしてだけではなく、絶対的な他者、知られざる匿名の他者にたいしても贈与しなくてはなりません。そして、場〔=機縁〕を与え (donner lieu)、来させ、到来させ、私が提供する場において場を持つがままにしてやらなければならないのです。彼にたいして相互性 (盟約への参加) などを要求してはならず、名前さえ尋ねてもいけません。絶対的な歓待の掟は、法的な=権利上の歓待、つまり権利としての掟や正義から手を切ることを命じます。正義の歓待は、法的な=権利上の歓待と手を切るのです。といっても、それは法的な=権利上の歓待を非難したり、それと対立するのではなく、反対にそれを絶えまない進歩の運動の中に置き、そこにとどまらせることができるのです。絶対的な歓待は法的な=権利上の歓待とは奇妙にも異質なのです。それは、正義が法=権利に対して異質であるのと同様です。正義は法=権利とごく近くにあり、じつは不可分だというのに。

異邦人つまりクセノスについて、ソクラテスは「せめて自分を尊重し、なまりや特有言語を大目に見てくれるように」と述べていましたし、バンヴェニストは異邦人は盟約に参加する、と述べていましたが、歓待権を持つ異邦人が、世界市民的な伝統においてもっとも強力な形を取るのは、カント、そしてわたしたちが読み、読み直したカントのテクストにおいてです。だから、この異邦人とは、彼を受け入れるためにはまずその名を聞くことから始めなければならないような誰かなのです。彼にたいしては、法廷における証言者のように、おのれのアイデンティティを名乗り、保証することが求められます。それは問いかけられ、要求を突きつけられるような誰かなのですが、この最初の要求、最低限の要求は以下のようなものです。「お前は何という名前なのか」、そして「お前は私に自分の名前を言い、この要求に応える（répondre à cette demande）ことによって、自分に責任を持ち（répondre de toi）、法とお前の主人たち（hôtes）の前において責任があり、法的な主体（sujet de droit）になるのだ」。

以上が、問いの問いとしての異邦人の／からの問いであり、わたしたちはそのひとつの射程を検討してみたところです。歓待とは、到来者を問いただすことなのでしょうか。歓待は、来る者に問いを差し向けることから始まるのでしょうか（このことは非常に人間的な行為に見え、愛に満ちたものにも見えます。ただし歓待を愛に結びつけなければならないと仮定しての話ですが――この謎はさしあたって留保しておきましょう）。お前の名前は何か。お前の名前を私に言いなさい。お前を何と呼べばいいんだい、お前を呼ぶ私、お前を名前で呼びたいと思っている私は、お前をなんと呼ぼうか。これはひとが優しく、子どもや愛する人にたいして尋ねる言葉でもあります。それとも歓待とは、問いなき迎え入れから始まるものなのでしょうか。二重の抹消における迎え入れから、つまり問いと名前の消失における迎え入れから始まるのでしょうか。より正しく、より愛に満ちているのは、問い尋ねるほうでしょうか、それとも問い尋ねないほうでしょうか。名前で呼んだほうがよいのか、それとも名前なしに呼んだほうがよいのか。名前を与えたほうがよいのか、それともすでに与えられた名前を知るべきなのか。ひとが歓待を与えるのは、主体にたいして、同定《アイデンティファイ》可能な主体にたいして、名前によって同定可能な主体にたいして、法的な主体にたいしてなのか。それとも他者が自己を同定する以前から、さらには他者が主体となる（主体として定位され、あるいは主体として想定される）以前から、つまり法的な主体、ファミリー・ネームで名づけることができる主体となる以前から、歓待はみずから他者に向かい（＝おのれを他者に返し）（se rendre à l'autre）、おのれを他者に与えるのか……。

　このように、歓待の問いは、問いの問いでもあります。しかしそれは同時に、主体の問いでもあり、世代を仮定した名の問いでもあるのです。

バンヴェニストがクセノスを定義しようとするとき、クセニア（xenia）から始めているのは偶然ではありえません。彼はクセノスをクセニアの中に書き入れます。クセニアとは、契約における盟約あるいは集団的な契約のことなのです。根本的には、クセノスつまり異邦人というものは、クセニアつまり集団との盟約ないしは交換以前、より正確に言うならば、一族との盟約ないしは交換以前にはありえないし、その外部においてもありえません。ヘロドトスは次のように書いています。ポリクラテスはアマシスとクセニア（盟約）を結び、彼らは互いに贈り物を取り交わした xenien sunethekato（盟約の動詞形。つまり「彼らは盟約として、クセニアを結んだ」ということ）。pempôn dôra kai dekomenos alla par'ekeinou 互いに贈り物を送り、互いから受け取ることによって〔バンヴェニスト『インド=ヨーロッパ諸制度語彙集 I』、八八頁（一部改訳）〕。バンヴェニストを読み直してみれば、ほかにも同じような例を見つけることができるでしょう。この銘を終らせてしまうために、ソクラテスの紋切り型〔=共通の場所〕（lieu commun）を思い出しておきましょう。ソクラテスは他のところでも異邦人の位置に身を置いています。それはまさしく問いの奇妙な場面、あえて言うならば、問いと答えが逆転した場面においてなのです。自分自身に問いかけるのでも、法（lois）や市民権に訴えるのでもなく、ソクラテスは彼自身が〈法〉（Lois）によって尋問され、声を投げかけられています。〈法〉は彼に声をかけることによって問いを提起しますが、この問いは偽の問い、模擬的な問いであり、「修辞疑問」なのです。罠が仕掛けられた問い。彼が答えることができるのは、〈法〉が擬人的に答えとして欲し、期待する事柄だけです。これがかの有名な『クリトン』の〈法〉の擬人化です。あなた方にご自分で丁寧に読んでいただきたいのですが、ここでは、いわば出《アタック》だしだけ読むことにしましょう。死刑の判決を受けた後に、ソクラテスはまたしても異邦人として振る舞うふりをしています。今度は許しなく都市を離れ、アテネの〈法〉を物ともせず、逃げようとしている異邦人としてです。すると〈法〉は彼に声をかけ、狡猾な問い、不可能な問いを提起するのです。

この一節の冒頭で、〈法《ノモイ》〉（oi nomoi）が舞台に登場します。この登場を演出するのはソクラテスであり、プラトンのソクラテスなのです。こうして彼は〈法〉の顔（visage）を通して、それが擬人化された声を通して語りかけます。擬人化されたものは顔であり仮面なのですが、それはまず第一にこの仮面を通して語る声、ペルソナであり、まなざしなき声なのです（しばらく後でこれは盲人の肖像、オイディプスの声となるでしょう。オイディプスは、アンティゴネに支えられてコロノスに到着したとき、異邦人たちに声をかける異邦人となるのです。

ソクラテス：では、それなら、こう考えてみたまえ。いまぼくたちが、ここから脱走――と呼ぶのが悪ければ、何とでも名づけていいのだが、とにかくそうしようとしているところへ、〈法〉が、ポリス共同体とともにやってきて、ぼくたちの前に立って「どうぞ、ソクラテス、言っておくれ。お前は何をするつもりなのだ。そのお前がやりかけている所業というものは、私たち〈法〉とポリス全体を、お前の勝手で、一方的に破壊しようともくろんでいることになりはしないかね。それともお前は、ポリスのうちにあって、一旦定められた判決が、少しも効力をもたないで、個人の勝手によって無効にされ、目茶苦茶にされるとしたならば、そのポリスは、顚覆をまぬかれて、依然として存立することができると思っているのか」と、こうたずねるとしたならば、この問いに対して、またほかにも、この種の問いがなされるとしたならば、これに対して、ぼくたちは、クリトンよ、何と答えたものだろうか。というのは、これは一旦下された判決は、有効でなければならぬと命ずる〈法〉が、葬られようとしているわけなのだから、その〈法〉を守るためには、多くのことが言われるだろう。特に弁論の得意な者なら、いくらでも言い分をみつけることができるだろう。それともぼくたちは〈法〉に向かって、「それは国家が、われわれに対して、不正をおこなったからだ。不当の判決を下したからだ」と、こう言おうか。ぼくたちの言うことは、これだろうか。それとも、何だろうか。

クリトン：いやゼウスに誓って、それこそわれわれの言おうとすることだよ、ソクラテス。

ソクラテス：では、もし〈法〉が、こう言ったら、どうだね。「ソクラテス、そんなことまで、私たちとお前の間で、もう取り決めができていたのだろうか。それとも、むしろポリスの下す判決は、忠実に守るということが、約束されていたのではないかね」と言ったらだ。そしてもしぼくたちが、かれらの言うことに驚いているならば、たぶん、こう言うだろう。「ソクラテスよ、私たちの言葉に驚かないで、答えておくれ。ちょうどお前は、問答の扱いには慣れているのだからね。さあ、それはこういう問いなのだ。お前は私たちとポリスに対して、何を不服として、私たちを破壊しようと企てるのか。まず第一に、お前に生を授けたのは、私たちではなかったのか。つまり私たちのしきたりによって、お前の父はお前の母を娶り、お前を産ませたのではないのか。そうだとすれば、さあ、はっきり言ってもらいたいものだ。私たちのうちには、婚姻に関する法があるのだが、これがよくないといって、お前はなにか文句をつけるのだろうか」。「いや、文句はありません」と、ぼくは答えるだろう。「しかし、そうやって生まれて来てから、お前もそれによって教育された、その扶養や教育についてのしきたりが、いけないというのかね。あるいは、このために定められた法や習慣が、お前を音楽や体育で教育することを、お前の父親に言いつけていたのだが、このような指図はよくなかったのかね」[2]。

というわけで、ソクラテスはアテネの縁《ふち》(lisière)にいる異邦人として現れてきます。死刑の判決を受けたときに、彼は一度逃げることを考えるのですが、〈法〉が彼に声をかけて尋問してきたので、アテネから出るのをあきらめます。〈法〉が声をかけてきたのは、じつは彼に偽の問いを提起するためなのですが。

この異邦人の姿とオイディプスつまり無法者〔=法の外の者 le hors-la-loi〕(anomon)

の姿を比較して、類比《アナロジー》によって接近させると同時に、――両者を対立させるといったら言い過ぎなら――少なくとも区別してみることができるでしょう。ただしソクラテスの場合のように、出発したり別れたりする瞬間ではなく、また都市の外に出たり、出るふりをする瞬間でもなく、コロノスに入ろうとする瞬間のオイディプスなのです。おそらくこの話には長くつきあうことになるでしょう。ここではたんに銘として事態を宙づりにしておくために、異邦人でクセノスのオイディプスが、やはり異邦人たちに話しかけるように、この国の住人に声をかける二つの瞬間を取り上げることにしましょう。異邦人が異邦人たちに声をかけます。オイディプスは相手をそうと呼んでいます。だから第一の契機、それはオイディプスという到来者《アリヴァン》の到来です。異邦人がまさに異邦人に声をかけようとするわけです。それと知らずに。それと知らず、場所も知らず、そして場所の名前も知らずに。どこにいるのか、どこに行こうとしているのかも知らずに。俗と聖、人間的なものと神的なものの間で。絶対的な到来者はいつもこうした状況に置かれるのではないのでしょうか。異邦人が異邦人に問いかける状況に。

オイディプス：目の見えぬこの老人の娘、アンティゴネよ。われらが着いたこの土地は、何というところ、何という人たちの町であろうか。このさすらい人オイディプスを、今日のこの日、誰が迎え、乏しい喜捨を投じてくれることか。（……）人間の土地でもよし、神々の森でもよし、坐るところがあれば、娘よ、おれをとどめて、坐らせてくれ。われらのいるのはどこなのか、尋ねたいのだ。異邦人＝よそ者のわれらは、土地の者から教わって、その言うとおりにしなければならないのだからな。（……）それでは、おれを坐らせてくれえ、そしてこの目の見えぬ男を守ってくれ。（……）

アンティゴネ：それでは、ここがどこなのか、行って尋ねてまいりましょうか。

オイディプス：そうしてくれ、娘よ。しかし人が住んでいるかどうか。

アンティゴネ：たしかに住んでおります。まあ、ちょうどよかった。ほら、あそこに、間近に人が見えます。（……）もう私どものそばにおります。ここにおりますから、なんなりとおっしゃいませ。

オイディプス：他国のお人、目の見えぬこのおれの代わりに、見てくれるこの娘から聞いたのだが、われらが知りたいと思うていることを教えるに、ちょうどよいおりに、様子を見に来られた。

異邦人：だが、尋ねるまえに、まずその座からどいてくれ。お前は禁制の場所にいる。

オイディプス：この土地はなんというところだ。何という神に捧げられているのか。

異邦人：ふれることもならぬ、住むところもならぬ土地、怖ろしい女神たち、大地と闇との娘御たちのものなのだ。(3)

この女神とは「万事を見通す女神たちとここの人が呼んでいる」エウメニデスのことです。間もなくオイディプスは、彼の禍いにかんしてポイポスが約束してくれていた「休みの場」について語ります〔邦訳四五九頁〕。この約束とは、「さすらいの終わる土地」において、畏怖すべき女神たちの家で「座と歓待の場」を提供される日のことです。この異邦の客人（hôte）は、ひとつの亡霊（spectre）として現れてきます。彼は「あのかつてのオイディプスのみじめな幽霊（fantôme）」をあわれんでくれ、と請うのです。コロスは彼のことを「この土地の者ではない」「浮浪の者」と呼んでいるというのに、オイディプスは幽霊の身であるくせに、「無法者」（anomon）とみな

さないでくれ、と懇願します。(4)

わたしたちが銘として選ぶ第二の契機は、コロスのそれです。ここで語っているのは、ソクラテスの場合とは違い、〈法〉ではありません。コロスはオイディプスに声を投げかけます。コロスは、おそろしい秘密を担っている異邦人に声をかけるのです。オイディプスが知っていることは、彼を法の外に追放しかねず、彼をあらかじめ法の外に据え付けてしまっています。近親相姦で父殺しのオイディプス。このよく知られた場面については、別の角度《アングル》から読解する必要があるでしょう。でもいったいどの角度から？　もはやたんなる三角形《トライアングル》ではないものにおいて、角度とは何なのでしょうか。奇妙な告発や対抗告発（contre-accusation）や論告などにひとが気づくような、そんな角度のことでしょうか。おのれの無罪を証明するために、いわば弁護のために、オイディプスはたしかに告発はしています。誰も告発することなく、告発します。誰かというよりは、何かを告発するのです。まさにテーバイの町という形象を告発します。有罪なのはテーバイなのです。知らず知らずのうちに罪の責任を負っているのはテーバイであり、無意識のテーバイ、都市としての無意識（l'inconscient-cité）であり、都市の中心にある無意識であり、ポリス（polis）であり、政治的＝ポリス的な無意識なのです（だからこそ告発は、罪をかぶせることなく、罪をかぶせるのです。無意識や都市の裁判などできるでしょうか、どちらもおのれの行為の責任を取る（répondre de）ことなどできないのに）。テーバイという（テーバイの）無意識が、オイディプスの近親相姦と父殺しと法－外－存在（l'être-hors-la-loi）について、赦しがたいほどにおのれを罪あるものとしたのでしょう。

どのようにして赦しがたいものを赦せばよいのでしょうか。といっても、ほかの何を赦せばよいのでしょうか。

それを欲することも知ることもなく、オイディプスを近親相姦と父殺しの罪においやってしまったのは、都市の掟＝法なのです。この掟＝法が無法者を生産してしまったのでしょう。深く考えてみれば、ここには驚くべきことなど何もありません。異邦人と歓待が問題になるときには、こうした父殺しの場面がきまって見られます。主人（host）つまり受け入れる者は、命令する者でもあるからです。今ではもうお馴染みの連鎖（hosti-pet-s, potis, potest, ipse, etc.）をたどってゆくならば、権力の主権、主人のポテスタス（potestas）そして所有とは、ここでも家父（pater familias）の持つ主権であり、家の主《あるじ》すなわちクロソウスキーの言う「家の主人」の主権にほかなりません。そして同じ単語は、あるときは「異邦人」として、あるときは「主人」として、二通りに翻訳されます。おそらくこれは理解できることです。このことが喚起し、理解させるのは、文化におけるクセノスという語の二つの意味の間の、移行（passage）の必要性なのです。しかしながら、厳格にこれを正当化するのは難しいことです。

コロス：よそのお人よ、はや過ぎたそのかみの不幸を呼び覚ますのは恐ろしいことではあるが、やはり聞きたい。

オイディプス：なんと言われる？

コロス：あのみじめな、のがれるすべなき、あなたが闘った苦悩。

オイディプス：「よそのお人（xenias）」よ、そなたの心遣いにかけて、おれがうけた恥をあばかないでくれ。

コロス：噂は拡まり、消えることもない、よそのお人よ（xein）、だからわしは真実が聞きたいのだ。（……）

オイディプス：おれはこのうえない不幸にあった、よその人たちよ、身に覚えのない仕業だ、神もご照覧あれ、その中の一つとて、おれが好んでやったことはない。（……）いまわしい夫婦の床でテーバイの町は何も知らぬおれを身の破滅となった縁組みに結びつけた。

コロス：噂のように、母御の床をみたしたのか、恥知らずにも。

オイディプス：おお、これを聞くのは身を切られる思いだ、よその人よ、この二人の娘はおれと……（……）二人の娘、二つの呪いは（……）おれと同じ腹から、生まれたのだ。

コロス：それでは二人はあなたの子で……

オイディプス：そうだ、同じ母から出た父の姉妹なのだ。（……）

コロス：罪だ。

オイディプス：いいや、そうではない。（……）おれは贈り物を受け取ったが、それをおれは、不幸なおれは、町につくしたその返礼をけっして受け取ってはならなかったのだ。

コロス：不幸なお人よ、それから？　流された、血が……

オイディプス：なぜそれを言う？　何を知りたい？

コロス：父親のか？（……）殺したな。

オイディプス：殺した、だがおれには（……）正当な理由がある。（……）おれは掟の前では潔白だ、知らずしてこの仕儀に陥ったのだ。(5)

テセウスが到着し、盲人を憐れみます。彼は言います。彼自身も「よそ者＝異邦人として育てられ」、「異国の地で」命を賭けて危険と闘ったことは忘れることができない、と。後で検討する誓いの言葉と同じく、やり取り〔＝交換 échange〕が二人の異邦人を結びつけるのです。

この長い銘の後で、再び始めることにしましょう。異邦人という奇妙な概念は、主人（hôte）または敵としての hostis の概念に密接に結びついており、家族のごとき親しい関係にありますが（この両義性については、これまで長く熟考し、また予め熟考＝予謀してきました（pré-méditer）が）まだこの概念をそれ自体で論じてはいません。「異邦人」とはどういう意味でしょうか。異邦人とは誰か。異邦人の男とは誰で、異邦人の女とは誰なのでしょうか。「異邦《よそ》に赴く＝異邦人におのれを返す（se rendre à l'étranger）」とは、「異邦《よそ》（人）から来る」とはどういう意味なのでしょうか。わたしたちがこれまで述べてきたのは次のことだけです。わたしたちはこの言葉をある程度狭く解してきました。コンテクストによってはもっと明確になることもありますが、この語に、厳密な意味において（stricto sensu）、もっともありふれた通常の意味を与えてきたのです（当然のことながら、通常の意味はほとんどつねに、もっとも「狭い」意味です）。それは、異邦人という言葉が、エートスつまり倫理と住居から出発して理解されるからです。またこの語は、エートスとしての滞在場所、人倫（Sittlichkeit）、客観的道徳性などから理解されます。法（droit）やヘーゲルの法哲学は、この人倫ないしは客観的道徳性を三つの審級に限定しています。それは家族、ブルジョワ社会ないしは市民社会、そして国家（ないしは国民国家）です。わたしたちはこうした限界《リミット》付けを長々と練り上げ、またそれを問いただしてきました。そしていくつかの問いも提起しておきました。——バンヴェニストの解釈から出発して、そして彼の解釈について論じました。とくにあるラテン語の二つの派生的な意味から出発しました。つまり客ないしは敵として迎え入れられる異邦人（hostis）という語のことです。歓待（hospitalité）、敵意（hostilité）、敵意の歓待（hostipitalité）。いつものことながら、バンヴェニストの読解は、正確であるとともに、問題をはらんでいると思われましたが、繰り返して述べることはしません。

今日の講義では、この点から出発して、もっと直接的に異邦人の価値を論じることにします。今回は「ギリシャ世界」(この世界が統一性と自己同一性《アイデンティティ》を持っていると一時的に仮定しての話ですが)から出発します。ただし、事柄は単純ではないので、この世紀末において切迫する緊急事項と伝統との間の往復、行ったり来たりを繰り返すよう努めなければなりません。この伝統から、わたしたちは自然的で触れるべからざる基本的な概念、語彙、公理などを受け取っています。このいわゆる自然的な明証性や触れるべからざる公理などを脱構築することをわたしたちに強いてくるのは、多くの場合、技術的・政治的・科学的な変化です。じつを言えば、こうした変化はおのずからこうした明証性や公理を脱構築するものなのですが。たとえばさきほど述べたラテンあるいはギリシャ的伝統からこうした概念や語彙を受け取るわけです。

というわけで、わたしたちは先日、電子メールやインターネットによってわたしたちに到来するもの、わたしたちに向かってやって来るものを、歓待の問題系に翻訳しようとしていました。電子メールやインターネット(これらに代表されるすべてのことを考えているわけですが)の発達に伴う数多い変化の徴候のなかでも、いわゆる公共空間の構造を根底から変化させるような徴候を特別に論じることにしましょう。さきほどわたしたちが話し、これからもまた話すであろうことは、ギリシャにおけるクセノスとクセニアについてであり、オイディプスとアンティゴネについてでした。彼らはクセノスたち（xenoi）に話しかけるクセノスたちであり、話しかけられた者は、反対に彼らに話しかけ返すのです。とはいえ、電話、ファックス、電子メール、インターネット、さらにはテレビや盲目的な遠隔通信など、さまざまな人工補助装置（dispositif prothétique）によって構造化されている公共空間にたいしたとしたら、たとえばソポクレスの意味論はどう抵抗することができたでしょう。先日わたしたちが問題にしたことは、国家の介入（これは最近ドイツでおこなわれた）や国家というコロスの介入が、インターネットのネットワークにおける、いわゆる「ポルノグラフィー」の通信を禁止したり検閲しようとするとき、それがどのような意味を持つかという問題でした。もちろんクロソウスキーの『歓待の掟』のことではなく、インターネット上に流されたテクストや映像にたいする禁止や検閲のことです。ドイツ政府は、ポルノグラフィーを対象とする二百のネットを禁止しました（『カナール・アンシェネ』紙〔フランスの大衆紙〕によると、「乳」という単語を検知してポルノグラフィーかどうかを判断するセンサーが、乳がん患者たちが真面目に会話していたコミュニティサイトへのアクセスを禁じてしまったそうです）。こうした検閲やその原則の妥当性については、今のところ判断を差し控えておきます。ここでは問題の前提事項《ドネ》を分析しておきたいと思います。今日歓待に関する考察は、とりわけ閾＝戸口（seuil）や境界《フロンティア》＝国境の厳密な限界の画定（delimitation）の可能性を前提しています。家族的なものと非家族的なもの、異邦人と非異邦人、市民と非市民の境界などもありますが、まず第一にあるのは、私的なものと公的なもの、私法と公法の境界です。原則的には、古典的な形式の私的郵便物（書簡、葉書など）は、ある国の内部や国家間を検査《コントロール》なしに通過すべきものとされます。それは読まれても、差し押さえられてもなりません。電話、ファックス、電子メール、それからむろんインターネットについても原則的には同様です。原則的には、検閲、電話の盗聴や傍受などは、犯罪となるか、あるいは、国家理性《レゾンデタ》によってのみ許される行為なのです。つまり、ある国家が、領土、主権、安全、国防などの保全を担うときだけに許される行為なのです。それでは、ある国家が、ポルノグラフィックであるという口実の下に、私的な通信を監視するだけではなく、それを禁止するために介入したら、つまり、今のところは治安も国家の領土の保全も脅かしていないものを禁止しようとしたら、いったい何が起きるのでしょうか。充分な情報は持ち合わせていませんが、こうした国家の介入を正当化するために持ち出される論拠は、以下のようなものだろうと思われます。つまり、インターネットの空間は、私的ではなく公的であり、とくに電話や通信による「ポルノ」のネットワークに比べると、(国家的および国際的な)公共のアクセスの可能性がはるかに大きいのだ、という論拠です。また、サドや『歓待の掟』のように、高い「理解力」を要求することによってみずから読者数を減らし、いわば自己検閲するような書物に比べれば、アクセスの可能性はさらに大きいでしょう。いずれにせよ、問われていると同時に「かき乱され」、変形させられているものは、またしても公的なものと公的でないもの、公的ないしは政治的空間と個人や家族の我が家(le chez-soi)の間の境界線なのです。境界は法的・政治的な渦に巻き込まれ、脱構築・再構築されつつあり、現行の法=権利や既成の規範に挑戦しているのです。国家やなんらかの国家的権力などの公権力に、情報交換をコントロールし、監視し、禁止する権利が与えられ、認められてしまったその瞬間、歓待の基本条件《エレメント》はすべて覆されてしまいます。情報を交換する人たちは、それは私的なものだと判断しているというのに、国家は、こうした私的な情報交換が公共空間を通過し、誰の手にも入るものになっている、という口実の下に傍受するわけです。また、かつては私の「我が家」も、私の電話回線がアクセスできる範囲に限られていました（電話回線によって私は、私の時間、私の言葉《パロール》、私の友愛、私の愛、私の助けを、私が望む誰にでも与えることができるし、我が家にお入りなさいと誰でも招待することができるのです。まずは私の耳の中に、昼夜を問わず、どんな時刻であれ、いついかなるときでも招くことができます。相手がアパートの隣人であろうと、同胞であろうと、世界の涯の友人や未知の人であろうと、事情は同じです）。さて現在では、原則として不可侵であるはずの私の「我が家」は、電話回線だけではなく、電子メール、ファックス、そしてインターネットへのアクセスなどによっても構成され、それもますます本質的かつ内的に構成されるようになっています。だとすれば、国家の介入とは、不可侵なものを侵犯することになるでしょう。不可侵なものの免疫性が歓待の条件であることは変わりがないというのに。こうした可能性は、電話の盗聴と同様、抽象的なこと、ありそうもないことだとは言えません。電話の盗聴も警察や国家の公安機関によってのみおこなわれたわけではありません。ドイツで市販されているある種の装置についての情報が、数週間前の新聞に報じられていました（ドイツの法律が脅かされるのではないかという懸念が生じたときには、すでに二万個ほどが販売済みだったそうです)。この装置を使えば、広範な区域(五百メートル四方だったと思います)の会話を盗聴できるだけではなく、それを録音することもできます。前代未聞の情報源による私的なスパイ行為や脅迫の可能性が生まれるわけです。こうした科学技術的な可能性はすべて「我が家」の内面性を脅かし(「ここはもう自分の家《うち》ではないのだ!」)、さらには自己と自己性(ipséité)の保全をも脅かします。この科学技術的な可能性は、固有なもの(propre)の固有な領土および私的所有権にたいして重くのしかかる脅威として受けとめられているのです。このことが、浄化を求めるすべての反動やルサンチマンの源にあることは明らかです。「我が家」が侵犯されるところではどこでも、いずれにせよ侵犯が侵犯として受け取られるところではどこでも、私有化を求める反動、あるいは家族主義的な反動さえも予想されます。さらに範囲が広がって、反動は民族中心的か国家主義的なものとなり、潜在的には外国人嫌悪(xenophobe)となるわけです。これは異邦人としての異邦人に向けられるのではなく、逆説的なことに、匿名の技術的な潜在能力(家族や国家のみならず、言語や宗教にたいしても無縁な潜在能力)に向けられます。これが、「我が家」とともに歓待の伝統的な条件を脅かすのです。自分自身《プロプル》の歓待、そして自分自身の歓待を可能にする固有《プロプル》な我が家を保護したり、あるいは保護すると称することによって潜在的に外国人嫌いになりうるということ、これこそがこの掟（歓待の掟でもある掟）の倒錯（perversion）であり、堕落の可能性（pervertibilité）にほかなりません（前回お話しした移住嫌悪（xenotransplantation）のことを思い出してください）。私が私の家の主人（ipse, potis, potens 家の主人、これらのことについてはすでに検討しました）になりたいと思うのは、そこに誰でも好きな人を招くためなのです。私の「我が家」、私の自己性、私の歓待の権力＝能力（pouvoir）、主人としての私の主権を侵害する者は誰でも、好ましからざる異邦人として、そして潜在的には敵としてみなされ始めます。この他者は敵対する（hostile）主体となり、私はその人質となってしまうおそれがあるのです。

逆説的で堕落させる掟。この掟は、伝統的な歓待、通常の意味での歓待と権力（pouvoir）の絶え間ない衝突から生まれます。この衝突は、有限であるかぎりの権力のことでもあります。つまり主人や招く人が、招かれる人や訪問者や客（hôte）を選定し、選択し、選別し、選抜しなければならないという必然性のことでもあります。この客にたいして、主人は庇護や訪問権や歓待の権利を付与することを決めるのです。

我が家にたいする自己の主権がなければ、古典的な意味における歓待もありません。また、有限性がないときも歓待はないのですから、主権は選別し、選択し、排除し、暴力をふるうことによってのみ行使されうるのです。非正義、ある種の非正義、さらにはある種の誓約違反が、すでに歓待権の始点で生じています。権力の暴力あるいは法の力[*5]（Gewalt）と歓待の間の衝突というものは、きわめて根源的な形で、歓待を権利＝法（droit）に書き入れることから生まれるように思われます。この書き入れ（inscription）については以前の講義で充分にお話ししておきました。けれども、この権利＝法は、私的なものであれ公的なものであれ、公法や国家の法に媒介されたときだけ行使され保証されうるものなのですから、倒錯は内側から暴れ出します。というのも、国家が私的な領域＝普通財産（domaine privé）（これは domaine〔狭義では国や公共団体の財産を指す〕のひとつです）を保証したり保証すると称することができるのは、それを確保するために管理したり、そこに侵入しようとすることによってのみなのですから。管理することは否定的で抑圧的に見えるかもしれませんが、そうすることによって同時に国家はそれを保護し、通信《コミュニケーション》を可能にし、情報とその透明性を拡大するのだと称することができるのです。情報の民主化と治安＝警察《ポリス》の領域が同じ拡がりを持つことによって、じつに痛ましい逆説が生じます。民主的なコミュニケーション、浸透性、透明性などがおのれの空間を広げ、おのれの現象性、つまり白日の下に現れる動き（apparaître au jour）を拡張すればするほど、警察権力や政治化も拡張してしまうという逆説が。

警察や政治もまた、視覚と日の光（jour）の恩恵を要求しています。「秘密」と呼ばれる警察や政治でさえそうですし、また、もちろん正当な理由あってのことではありますが、警察全体、政治全体を体現するかのように振る舞うことの多い、ある種の警察や政治でさえそうなのです。以前からもずっとそうではあったのですが、今日ではある種の技術の発展が加速することによって、いわゆる私的な社会性の領域とその勢力はかつてない速度で増大し、測量・計測可能な領土や空間をはるかに越えてしまっています。もっともそこでは私的な社会性の領域が維持されえたこともないのですが。だから今日では、電話やファックスや電子メールやインターネットなどのおかげでこの私的な社会性は、国民国家の領土を越えて光速でアンテナを伸ばしています。というわけで、国家は、国家以下でもあり国家以上でもあるこうした非‐国家的な私的勢力よりも、突如として弱小化してしまいました。そこで古典的な国家——ないしは古典的国家の協同組合――は、法外な努力を払って、全速力で逃げ去ろうとするものに追いつき、それを監視し、引き止め、再び自分のものにしようとするのです。これは法や新たな条文の再整備という形をとることもありますが、警察の新たな野望という形をとることもあります。それは通信と情報の新たな権力《プヴォワール》に、つまり新たな歓待の空間にも適応しようという努力なのです。

電話の盗聴というものは今でも事実上統制不可能であり、技術的にはやや古くさい形態に相当するはずなのに、日増しに増大しています。現在監視されているのは電子メールです。最近ニューヨークで、電子機器の密売に従事していたドイツ人のエンジニアが逮捕されました。ファックスや電子郵便による通信を傍受することでやっと逮捕できたのでした。傍受をした根拠については、おそらく誰も異議を唱えることはできないでしょう。というのは、傍受をしたのが、香港とラスベガスとニューヨークのシークレットサービスと麻薬取締局だからです。そもそもこのドイツ人エンジニアは、とりわけ警察による電話盗聴を妨害するための監視機器の専門家であったと思われます。コンピュサーブ〔当時最大のアメリカのパソコン通信会社〕の加入者たちがメールボックスに受け取った電子メールに、通信を傍受し、それを「追跡し（tracking）」、会話をキャッチするだけでなく、電話番号までも特定できるような機器の宣伝がありました。もうひとつ別のおもちゃを使うと、モバイル通信器の特徴を再現することによって、セルラーフォンのクローンを作ることもできます。そして（ドイツで販売されていた）読み取り機を使って、携帯電話の番号とその規格番号を傍受し、別人のふりをします。請求書は加入者に届き、寄生者《パラサイト》の痕跡を見つけることはできません。「寄生者」などという言葉を使ったのは、そのことが寄生と歓待の関係という一般的な問題系を切り開くことを命じているからです。客（guest）と寄生をどのように区別すればよいのでしょうか。原理的には厳密な違いがありますが、そのために法が必要なのです。つまり、歓待、迎え入れ、差し出された歓迎などを、厳密で制限的な司法権に従わせなければならないのです。到来者は、歓待権や庇護権などを享受していなければ、およそ客として迎えられることはありません。この権利なしでは、到来者は、寄生者として、不当で非合法でもぐりの客として、追放されたり逮捕されたりする客としてしか、「私の家」に、主人 hôte（host）の「我が家」に入り込むことはできないのです。

ところが、現在の技術発達が空間を再構造化してしまったために、区切られて管理されていた所有地の空間が、まさに侵入にたいして開かれてしまいました。このことも完全に新しい事実ではありません。居住可能な家や我が家の空間を構成するためには、開口部すなわち門や窓も必要であり、異邦人にたいして通路を開放しなければなりません。門や窓がなければ、家や内面性はないのです。我が家というモナドは、自己（ipse）であり、自分の家での自己自身であり、自己の自己への関係において居住可能な我が家であるためには、歓待的なものでなければなりません。しかし、これまでずっとこのように構造化されてきたものが、今日では前代未聞の規模と様態で、我が家とそのアクセスの可能性を増大させています。その結果として、私的で非合法で非国家的なネットワークの装置と国家的監視の警察ネットワークの装置とのあいだに深い同質性が生じています。それらに共通のテクノロジーが、二つの空間、二つのタイプの構造の間で、あらゆる機密性を禁じているのです。

アメリカの例をまた取り上げましょう。今日ではライフタイム・フォン（lifetime phone）というものがあって、ひとつの電話に、二つの数字の九十九の異なった組み合わせをメモリーとして蓄積できます。ボヴィッツ（Bowitz）という人物（例のドイツ人エンジニア）の会社が売り出して市場に出回ったのですが（千九百ドル）、非合法であり、麻薬密売人や誘拐犯などに利用されてしまいました。さて、連邦警察がヘロインの密売人を装ってネットワークに入り込んだところ、「双手を挙げて」歓迎されたそうです。ドイツ人エンジニアは連邦警察に、ヘロインの金の出元を香港でロンダリングしたらどうだと提案しさえしたそうです。ハイテク機器を弄したこの技師の謀略が失敗したのはメールによってでした。彼は販売を確保するために、手当たり次第に電子メールを送りつけたのですが、その中にコンピュサーブに加入していたAT&T〔アメリカ電話電信会社〕の社員がいました。彼は私立探偵に事件をゆだね、さまざまな策略を巡らせた結果、ボヴィッツに遭遇し、すべてのハードウェアを見つけ、ついにアメリカの麻薬取締局とシークレットサービスに通報したのでした。ニューヨークの裁判官は、電子メールのメッセージを傍受するための盗聴を許可する法律の条文を利用しました。コンピュサーブというネットワーク媒体自体は不正ではないので、その責任者たちは警察のお手伝いをしたわけです。コンピュサーブのスポークスマンは次のように述べました。「この種の状況に直面したのは初めてです。犯罪的な事実が問題になっており、合法的な文書も目にしたのですから、お手伝いをするのは当然です」。この人物はまた次のようにも語りました。「偽名と番号によって匿名性を守ることはできます。でも必要があれば、いつでも犯罪を犯した加入者の住まいを見つけることができます。クレジットカードの番号と住所はいつもわかりますから」。クレジットカードそして暗証番号、今日ではこれらが最後の身分《アイデンティティ》証明書であり、警察のもっとも重要な情報源でもあります。必要な変更を加えれば、郵便配達人や郵便局員がおかれた状況もこれに似ています。彼らもまた、犯罪の疑いがあるもの、あるいは犯罪の疑いがあるとして提示されたものを前にしたとき、郵便を開き、警察に渡すことを承諾するでしょう。また、もう少し歓待の問題に即して言うならば、警察と手を結んで営業しているホテルの主人という（古典的で通俗的でもある）状況があります（聴罪司祭や精神分析医といった――たんに類比的な、そしてたんに相互に類比的な――問題にはここでは立ち入りません）。こんなことはホテルだけではなく、共同宿泊所や病院でも起きます。秘密を保持し、暗号を解読し、不法行為を助けることなどを目的とする技術的な装置が、このように絶対的に〔情報の〕透過性を持ち、限界のないアクセスの可能性を持つこと、これこそが掟＝法であり、掟の掟なのです。つまり、暗号化すればするほど、ますます解読され、守られるべき秘密へのアクセスを可能にしてくれるこうした操作的な反復可能性（itérabilité opératoire）がますます多く生産されます。私が手紙を隠すことができるのは、そこから離れることによってだけ、つまり手紙を外部に引き渡し、他人に暴露し、アーカイブ化することによってだけなのです。こうして文書は第三者寄託（consignation）の空間においてアクセス可能になるわけです。

これは、わたしたちが堕落＝倒錯可能性と呼ぶものの逆説的な効果＝結果です。それは国家の暴力や法＝権利がはらむ倒錯なのです。そして、この倒錯はつねに可能であり、じつは潜在的に不可避であり、運命的なものなのです。それは、私的なものと公的なものの境界、秘密と現象として現れるものの境界、（歓待を可能にする）我が家と我が家の侵害や不可能性の境界などを抹消することなのです。このからくり《マシン》は歓待や歓待の権利を禁止します。しかしそれは（この講義の冒頭で定式化した矛盾やアポリアに依拠しながらですが）歓待や歓待の権利を可能にすべきものなのです。

歓待の権利、歓待の倫理は、アプリオリにそれ自体を限界づけ、それ自体にたいして矛盾します。こうした逆説やアポリアについては、小品ながら偉大な、カントのテクストを再検討することにしましょう。本年度の講義の始めに検討した普遍的歓待の権利についてのテクスト〔『永遠平和のために』第二章「第三確定条項」〕ではなく、やはり分析したことのある「人間愛からなら嘘をついてもよいという誤った権利」（尾渡達雄訳『カント全集』十六巻所収、理想社、一九六六年）についてのテクストです。カントは言います、誠実さという命法は絶対的に無条件であるだろう。結果はどうあれ、つねに真理を言わなければならないだろう。というのは、もし仮に世界一立派な理由で嘘をつく権利を認めたとするならば、社会的紐帯そのもの、社会契約や社会性一般の普遍的な可能性が脅かされてしまうだろうから、と。この命法の無条件性は、なんらかの規範的な命令に基づく以前に（むろんこれに基づきもするのですが）、単純な、ごくごく単純な言葉《パロール》の分析から演繹されることを示すことができるでしょう。それは他者への呼びかけ《アドレス》とその規範性や内的な遂行性を理論的・事実確認的・記述的に調査することとなのです。いかなる発話も、他人としての他人に呼びかけることを可能にする行為遂行的発言を含意している（「私は君に語る、君にだよ、そして君に真実を約束しよう」）のですから、そしていかなる言語行為も（たとえ嘘をついていても、そしてとりわけその場合に）事実を約束しているのですから、たしかに私はいつでも嘘をつくことはできますが（カントその人が嘘をついたことがなかったと誰が誓い、誰が証明してくれるでしょう）、それはたんに私が他人には語りかけてはいなかったということを意味するだけ、それだけのことなのです。だからといって、私は〔約束として〕与えられた言葉としての言葉の本質も、社会的紐帯を基礎づける必要性も認めることはできません。さてカントはこうした論理をたどることによって、何をしているのでしょうか。まさにこの論理が反論不可能に見える地点において、彼は何をしているのか（たとえ論理的には反駁可能であり、バンジャマン・コンスタンが懸念していたように、これはひとりひとりの良識《ボンサンス》にはそむくとはいえ、証言としては反論不可能なのです。コンスタンは、かくまっていた友人を人殺しが追いかけてきたとき、〔嘘をつかずに〕この友人を引き渡さなければならないのか、と問うています。カントはためらいもせず答えます。「そうだ。けっして嘘をついてはならない、たとえ人殺しにたいしても」、と）。ここでは二つの操作がひとつになっており、その結果曖昧さが生じています。一方で、カントは、純粋な主観的道徳性と、他者に真実を語らなければならないという義務をひとまとめにして一挙に基礎づけています。この義務は、他者にたいする尊敬の絶対的義務と社会的紐帯にたいする尊敬の絶対的義務として基礎づけられているのです。そして彼はこの命法を、主体の自由と純粋な志向性に基づかせています。そしてカントは言語行為の構造の確固たる分析によって、わたしたちをその根拠へと導いてくれます。こうして彼は公共の法＝権利としての社会的な法＝権利を基礎づけるわけです。ところが、同時に他方では、この法＝権利を基礎づけ、その根拠を喚起し、分析することによって、カントは嘘をつく権利とともに、口外せずにいる権利、隠す権利、真理や自白や公共の透明性などの要求に抵抗する権利なども破壊してしまいます。そしてこの要求は、法＝権利や警察＝治安の本質だけでなく、国家それ自体の本質をも構成しているのです。言い換えるならば、人類のために嘘をつく権利、すなわち隠す権利と口外しない権利を根本において否定することによって、カントは内面、我が家、純粋な自己の権利などの正当性を奪い、あるいは少なくとも、二次的で従属的なものとみなします。公的・政治的ないしは国家的な現象性をまぬかれるような、純粋な自己の正当性などを奪ってしまうのです。純粋な道徳性が法になる瞬間に、カントはこの道徳性の名においてあらゆる場所に警察＝治安を導入します。その結果として、完全に内面化された警察＝治安は、至る所において目と耳を持ち、わたしたちの家の電話、私的生活に深く秘められた電子メールやファックス、さらにはわたしたちのわたしたち自身にたいする密かな関係まで探るアプリオリな探知機を持つことになります。こうした国家や警察の形象は、私的な、犯罪的な、あるいはポルノグラフィックな会話を探り出すために、もはや精密な技術さえ必要としません。普遍的歓待の世界市民的権利の思想家、『永遠平和のために』の「第三確定条項」の著者は、*6 自分が立て、決定したものの可能性そのものを、根本から破壊してしまうのですが、それもまったく偶然ではありません。そしてこのことは、この言説の法的な性格、この歓待の原理が、法=権利に書き入れられることに基づいています。歓待の原理の無限の理念は、法=権利そのものに抵抗しなければならない――いずれにせよ、この理念は、まさに法=権利を支配している場において、それを超過し（excéder）なければならないのでしょう。「人間愛からなら嘘をついてもよいという誤った権利」（一七九七年）において特権視されている例（これはバンジャマン・コンスタンが出してくる例ですが、聖書の物語の偉大なる伝統に属しています。この伝統については、とりわけロトの物語〔後出〕に関して、かつて再構成しておきました）は、歓待の状況に関連しています。人殺しが、彼が殺そうとしている者が私の家にいるかどうか尋ねてきたら、私は嘘をつくべきでしょうか。カントの答えは「いや、真実を言わなければならない」というものであり、彼は苦労してではありますが、しっかりした方法で論証しています（希望があれば、この点は後の議論のときにもう一度論じてもいいでしょう）。この場合にも真実を言わなければならない。

したがって、嘘をつくくらいなら、むしろ客を死なせる危険をおかさなければならない。誠実さという絶対的な義務を放棄するくらいなら、歓待の義務を放棄したほうがましだ。誠実さの義務は人間性と人間の社会性一般の基礎なのだから、と。

するとカントという主人は、彼が泊めた者を異邦人として扱っているということなのでしょうか。イエスでもあり、ノーでもあります。彼は客を人類としては扱っていますが、家にいる客との関係を、法＝権利に従って打ち立てています。人殺しや警察や裁判官との関係についても同様です。法＝権利の視点からすれば、客は、たとえ丁重に迎えられたとしても、まずは異邦人であり、異邦人であり続けなければなりません。異邦人に歓待が与えられるべきものであるのはたしかですが、それは法＝権利と同じく条件的にであり、法＝権利を基礎づける無条件性へ依存していることにおいて、条件づけられているのです。

問いがまた戻ってきます。〔男の〕異邦人とは何か。女の異邦人とは誰なのでしょう。

それはたんに外国にいる男女、社会や家族や都市国家の外にいる男女のことではありません。それは野生で野蛮で前‐文化的で前‐法的な絶対的外部に追いやられた他者、家族や共同体や都市や国や国家の外あるいは手前に追いやられた、まったき他者(tout autre)ではないのです。異邦人との関係は法=権利によって、正義の法=権利への生成(le devenir-droit de la justice)によって規制されています。この一歩《パ》はわたしたちをソクラテスやオイディプスの近くへ、ギリシャへと連れ戻すでしょう。すでに遅すぎるのでなければの話ですが。

歓待の歩み＝歓待はない（Pas d'hospitalité）

ジャック・デリダ

第五回講義（一九九六年一月十七日）

歓待の一歩＝歓待はない（Pas d'hospitalité）。

わたしたちは進んでゆきます。移動してゆきます。侵犯から侵犯へ、そしてまた脱線から脱線へと。このことは何を意味するのでしょうか、この余分な一歩、そして逸脱は。もし、招かれた者そして訪問者にとって、閾＝戸口（seuil）の通過がつねに侵犯の一歩であり続けるとするならば。さらには、侵犯であり続けるべきだとするならば。そしてこの斜めの一歩、脱線は何を意味するのでしょうか。この奇妙な歓待の訴訟＝過程《プロセ》はどこに続いているのでしょうか。終りなきがゆえに越えがたきこれらの閾は、そしてこれらのアポリアは？　あたかも困難から困難へと進んでいるかのように、すべては進行します。よりよいことへ、あるいはより悪いことへ、そしてさらに深刻なことに、不可能性から不可能性へ。あたかも歓待とは不可能なものであるかのように、すべては進行します。歓待の掟は、この不可能性そのものを規定しているかのように。ただそれを越境することしかできないかのように。あたかも絶対的で、無条件で、誇張的な歓待の唯一無二の掟（*la* loi）が、つまり歓待の定言命法が、歓待のもろもろの掟（*les* lois）をすべて侵犯せよと命じているかのように。歓待のもろもろの掟とは、歓待におけるさまざまな条件、規範、権利そして義務のことです。それは、主人＝客（hôte）と女主人＝客（hôtesse）、つまり迎え入れを与える男女と、迎え入れを受ける男女に課せられるのです。反対に、歓待のもろもろの掟とは、限界、権力、権利、義務などを記しづけながら、歓待の唯一無二の掟にたいして挑戦し、それを越境することであるかのように、すべては進行します。到来者に無条件の迎え入れを提供することを命令する唯一無二の掟に。

到来者にはウィ（oui）と言おうではありませんか、あらゆる限定以前に、あらゆる先取り以前に、あらゆる同定《アイデンティフィケーション》以前に。到来者が異邦人であろうとなかろうと、移民、招待客、不意の訪問者などであろうとなかろうと、他国の市民であろうとなかろうと、人間、動物あるいは神的存在であろうとなかろうと、生者であろうと死者であろうと、男であろうと女であろうと、ウィと言おうではありませんか。

言い換えるならば、二律背反（antinomie）があるのでしょう。一方には、歓待の唯一無二の〈掟〉（*La* loi）があります。すなわち、限りない歓待の無条件な掟（到来者に我が家のすべてやおのれの自己《ソワ》を与えること、名前も代償も求めることなく、どんなわずかな条件でもみたすことを求めることもなく、彼におのれの固有なもの《プロプル》、わたしたちの固有なものを与えること）があります。他方には、歓待のもろもろの掟、つねに条件づけられ、条件に依存する権利や義務があります。それはギリシャ＝ラテンの伝統、さらにはユダヤ＝キリスト教的な伝統が規定するものであり、そしてカントやとりわけヘーゲルに至る法と法哲学が規定するものです。この法哲学は、家族、市民社会、そして国家を通過していきます。このように、唯一無二の掟ともろもろの掟のあいだには、解消できない二律背反、弁証法化することができない二律背反があるのでしょう。

この点にこそ、アポリアが、ひとつの二律背反があるのです。まさに問題になっているのは掟（nomos）なのです。この葛藤は、掟を自然や経験的事実に対立させるものではありません。二つの掟の衝突、掟の二つの体制《レジーム》の境界における対立があって、そのどちらも経験的な掟ではありません。歓待の二律背反は、その普遍的な特異性＝単数性（singularité）における唯一無二の〈掟〉を、妥協不可能な形で複数性に対立させます。この複数性はたんなる散逸状態（もろもろの掟）ではなく、分割と分化のプロセスによって構造化され、限定された多数性です。言い換えるならば、おのれの歴史と人類〔＝人文〕地理をさまざまに分配し、もろもろの掟によって構造化され、限定された多数性なのです。

この二律背反の対立項が対称的ではないこと、このことは悲劇そのものです。というのはそれが歴運的な悲劇であるからです。そこには奇妙なヒエラルキーがあります。唯一無二の〈掟〉はもろもろの掟の上にあります。だからそれは、アノミー的な掟（nomos a-nomos）、もろもろの掟の上にある掟、掟の外の掟（anomos. 覚えていらっしゃることと思いますが、オイディプス、父-息子であり、父としての息子であり、娘たちの父でも兄でもあるオイディプスはこのように特徴づけられていました）として、違法であり、侵犯的であり、掟の外にあるのです。ところが、歓待の無条件な唯一無二の掟は、歓待の掟の上にありながら、もろもろの掟を必要とし、それを要求します。この要求は構成的なものです。唯一無二の掟は、もし現実的で具体的で限定されたものにならなくてはならないことはないのであったら、このようなことがその当為としての存在であるのでなかったら、実際には無条件なものではないでしょう。それは抽象的なユートピア的で仮象的なもの、つまりその反対物になってしまうおそれがあるでしょう。唯一無二の掟は、それがあるところのものであるためには、もろもろの掟を必要としますが、もろもろの掟は唯一無二の掟を否定し、少なくとも脅かし、ときにはそれを堕落させ、悪化させます。そしてもろもろの掟はそうすることができなくてはならないのです。

というのも、こうした堕落＝倒錯の可能性は本質的であり、還元不可能であり、必然的でさえあるからです。その代償に、もろもろの掟は完成の可能性を持ちます。したがって、歴史性も持つのです。反対に、条件的なもろもろの掟のほうは、無条件な歓待の掟によって導かれ、霊感を受け、吸い込まれ＝望まれ、さらには求められなかったとしたら、歓待のもろもろの掟であり続けることはできません。唯一無二の掟ともろもろの掟という掟の二つの体制は矛盾するもの、二律背反的なものであり、そして不可分なものなのです。両者は相互に含み合うと同時に排除します。相互に排除する瞬間に体内化（＝合体）し合うのです。包含し合う瞬間に分離し、互いを互いに、一を多に、多を一にさらし合う瞬間に（しかし、この瞬間は同時性なき同時性、不可能な共時の一瞬であり、瞬間なき瞬間です）、両者は多かれ少なかれ歓待的なものとして現れ合います。それらは、歓待的であると同時に非歓待的でもあり、非歓待的なものとして歓待的なものなのです。

同じひとつの瞬間に排除と包含が分かちがたく結びついているのですから、「まさにこの瞬間に（en ce moment même）」と言おうとするたびごとに、二律背反があります。絶対的に単数的な＝特異なもの（singulier）としての掟は、複数形の掟と矛盾しますが、その都度それは掟の中の掟であり、そしてその都度掟の中の掟の外（hors la loi）なのです。というわけで、歓待のもろもろの掟と呼ばれるものは、じつに特異な〔＝単数的な〕ものなのです。奇妙な複数形です。同時に異なった二つの複数形の文法的な複数形なのですから。この二つの複数形のうちのひとつは歓待のもろもろの掟、条件的なもろもろの掟について語ります。もうひとつの複数形は二律背反的な加算、すなわち、唯一で単数で絶対的に孤立した歓待の〈掟〉、歓待の唯一無二の掟、歓待の定言命法に、もろもろの条件的な掟を加算することを意味します。二つめの複数形の場合には、複数は一（ないしは女性形の一）プラス多からなりますが、ひとつめの複数形の場合は、たんなる多であり、分配であり、分化です。一方では $1+n$ であり、他方では $n+n+n$ などなのです。（ついでに指摘しておきたいのですが、「無条件なもの」という言葉とほとんど同義語であるものとして、カントの「定言命法」という言葉を使うことに問題がないわけではありません。われわれは留保付きで、お望みならば抹消記号付きで、あるいは〔現象学的な〕判断停止《エポケー》を加えてこの言葉を使い続けることにします。というのは、そうある「べき」ものであるためには、歓待は負債を払うべきではありませんし、なんらかの義務によって命令されるべきでもありません。無償のものである歓待が hôte〔招待者や訪問者――デリダ〕にたいして開かれるとしたら、それは「義務に適った」ものである「べき」ではありません。また、さらにカントの区別を利用すれば、「義務に基づいて」でさえある「べき」でもありません。だから、こうした歓待の無条件な掟が思考可能であるとすれば、それは命法も命令も義務もなき掟であるでしょう。要するに、それは掟なき掟なのです。命令することなく呼び寄せる呼びかけ。もし〔たんに義務に適って、だけではなく――デリダ〕義務に基づいて歓待を実践するとしたら、こうした義務の履行＝返済としての歓待は絶対的な歓待ではなく、もはや負債や経済《エコノミー》＝分配法則を越えて、他者にたいして無償に差し出されるものではなくなってしまい、到来者、不意の訪問者の特異性＝単数性に応じて発明される歓待ではなくなってしまうことでしょう。(6)

この二律背反を論じるために、わたしたちは〔クロソウスキーの〕『ロベルトは今夜』をひもとき、「歓待の掟」と題された不可避の憲章、「手書きの文書」を読み始めていました〔若林真訳『ロベルトは今夜』河出文庫、二〇〇六年、一六八頁以下〕。この文書は、語り手の伯父、「ぼくの伯父オクターヴ」と語る者の伯父が、客室（la chambre d'hôte）のベッドの上、「訪問者のために用意された部屋の壁」にかけさせていたものであり、――そしてガラス張りにされていました。この憲章は不可避ではありますが、避けることもできるものです。というのは、それが置かれている場所（ベッドの上に少し離れて、そしてこの作品の冒頭に）においては、ひとはその存在を知らずにすますことはできないはずですが、それを読まないですますことはつねにできるからです。

伯父はこの「手書きの文書」を「ガラス張りの額縁に入れ、訪問者のために用意された部屋の壁にかけて」いました。つまり高いところにかけられていたわけです。この場所こそが掟の場所なのです。それは垂直にそびえ立つ至高者であると同時に、予期の地平と予測の可能性を無視して、避けようもなく不意に襲いかかるのです。不可避であるとともに、近づくことも触れることもできないこの「手書きの文書」は、掟のごとくにベッドの上に置かれてはいますが、頭上の剣のごとくに差し迫ってきます。その場所で客（hôte）は休みはしますが、掟の条文を読まないですましておくことはできないし（n'aura pu）、できないであろうし（n'aurait pu）、読まずにすますべきでもなく、読まずにすませるはずもないでしょう（n'aura(it) pas dû）。何人といえども掟を知らぬとはみなされない（Nul n'est censé ignorer la loi）と言うではありませんか。訪問者が眠り、夢を見、愛を交わしているその頭上で、掟が見張っています。冷ややかな場から、ガラスの場、ガラスという墓から掟は彼らを見張り、監視しているのです。このガラスの下に過去の世代（この場合は伯父の先祖）が、掟を置き、配置し課してきました。掟は置かれ、なんらかの自然に対立させられさえしました。それは制度化されたテーゼ、すなわち慣習（nomos, thesis）なのです。「ガラスの下に」あるということ、これが歓待のもろもろの掟なのです。この掟は、おそらくいかなる変化も受け付けず、触れることもできないのに、可視的であり、書かれた掟〔＝成文法〕の存在がそうあるべきであるように、可視的以上のもの、読みうるものなのです。前回の講義では、かの擬人法によって、法＝掟が、それ自身のものとされる声によってソクラテスに声をかけるのを耳にしましたが、今回は書かれた掟です。この掟がそこにあるのは、要するに命令するためだけであり――、そしておのれ自身の倒錯を課すためにだけなのです。それは客たちを見張り、おのれの倒錯を見張るために、ガラスの下にあるのです。われわれが長い脱線をする間、この掟を待たせておきましょう。

というのも、この書かれた掟は、アンティゴネが兄たちに土地と埋葬という歓待を提供するために侵犯しなければならない掟を、すぐに思い起こさせるからです。アンティゴネは、父が国境を越え、異邦人に声をかけ、歓待を求めるときに、父に従って異邦人として掟の外へと出ます。〔ソポクレスの〕『コロノスのオイディプス』の末尾でアンティゴネの盲目の父は、侵犯された歓待という奇妙な経験を描き出していますが、この歓待の侵犯のせいで、ひとは異国で死に、それもおよそ望んでいたようなかたちでは死ねないのです。

脱線に続く脱線のあとでもまだ覚えておられるでしょうか、講義の冒頭でわたしたちは、異邦人の問いをずらさなければなりませんでした。出生から死へ。異邦人、外国人の市民、家族や国における異邦人は、通常は出生によって規定されます。土地の法や血縁の法によって市民権を与えたり、与えなかったりすることはありますが、異邦人はその出生によって異邦人なのです。しかし、この例で決定的な役割を演じることになるのは、あえて言うならば、死と喪の経験であり、まず第一には埋葬の場なのです。異邦人の問いは死において、旅行者が異国の地で休らうときに起きることに関係しているのです。

「強制移住させられた人々（personnes déplacées）」すなわち亡命者、強制収容所の被収容者、追放者、故郷喪失者、遊牧民などは二つの願い、二つのノスタルジーを持っています。それはおのれの死とおのれの言語《ラング》です。一方で、彼らは殉教の地としてでもよいから、埋葬された死者たちが最後の住まい（＝墓所）（la dernière demeure）として持つ場に戻りたいと考えています（家族の墓所とは、基準となるエートスや住居の位置を定めてくれるものであり、これを起点に我が家、都市、国などを規定することができるのです。そこでは親戚や父や母や祖母が休息して横たわっており、その不動の場からあらゆる旅や距離を計ることができるのです）。他方で、亡命者、強制収容所の被収容者、追放された人々、故郷喪失者、無国籍者、無法の遊牧民など絶対的な異邦人たちは、言語、いわゆる母語をおのれの祖国、さらには最後の住まいと認めることが多いのです。これがある日のハンナ・アーレントの答えでした。彼女は言語に関して以外は、もはや自分がドイツ人だという気がしなかったそうです。[7] あたかも、言語が所属の名残（reste）であるかのように。じつは事態はもう少し屈折しているのですが、そのことは後に述べましょう。言語というものが所属の最初のそして最後の条件であるかのように見えるとしても、まさにそのことによって、言語は所有剝奪〔＝収用〕（expropriation）、還元できない自己固有化の剝奪（exappropriation）の経験でもあります。いわゆる母語はすでに「他者の言語」なのです。言語〔＝舌〕とは祖国であり、すなわち世界中の亡命者、異邦人、さまよえるすべてのユダヤ人たちが靴底に携えて歩いているものだ、とわたしたちが言ったとしても、もちろん怪物的な身体、不可能な身体、口や舌が足を持っていたり、ましてや足の下にまで垂れ下がっているような身体を連想させるためではありません。そうではなく、ここでもまた歩み（pas）が問題であるということ、進行と攻撃と侵犯と脱線の歩みが問題であるということが言いたいのです。そもそも言語は、いわゆる母語は何を名指すのでしょうか。ひとがおのれとともに運び、出生から死に至るまでわたしたちを運ぶものでもある言語は？それはけっしてわたしたちのもとを去ることのない我が家を表しているのではないのでしょうか。固有なもの《プロプル》や所有物＝固有性（propriété）を、あるいは少なくとも所有＝固有性のファンタスムを表しているのではないのでしょうか。すでに何度も述べたことですが、わたしたちの身体のすぐそばにあって、もっとも譲渡しがたい場に場を与えるような所有物、一種の移動式の住居、衣服やテントなどに場を与えるような所有物のファンタスムを表しているのではないのでしょうか。母語なるものは、身にまとう第二の皮膚のようなもの、移動式の我が家なのではないのでしょうか。しかしそれはわたしたちとともに移動するのだから、取り外しのできない我が家でもあるのではないでしょうか。

前回わたしたちは、電話、テレビ、ファックス、電子メール、インターネットなどの新たな遠距離通信技術《テレテクノロジー》についてお話ししておきました。こうした機器は、破壊をいたるところに導入し、場という根を奪い、家という「場の解体（dis-location）」をもたらし、我が家へ強制的に侵入してくるものです。さて、言葉や母語は、こうした場の解体にたんに抵抗する我が家ではなく、抵抗力や対抗力として打ち立てられる自己の自己性にとどまるものではありません。言語は私とともに移動するのですから、あらゆる可動性に抵抗するものなのです。言語はもっとも取り外しにくいもの、もっとも移動しやすい固有の身体であり、それがあらゆる運動性の、安定してはいるが携帯できる条件であり続けるのです。ファックスや「セルラー」フォンを利用するためには、私は言語と呼ばれるもっとも移動しやすい電話を身につけていなければならないし、私とともに、私の中に、私として携えていなければなりません。それはおのれが語るのを聞くこと（s'entendre-parler）を可能にする口と耳なのです。*7

ここでわれわれが記述しているのは——といってもそれを承認しようというつもりもありませんが——、もっとも疲れを知らぬファンタスムなのです。というのは、私から離れないものである言語は、じつは、そして必然的に、ファンタスムの彼方にあって、私から離れることをやめないものなのです。言語はまさに私から出発して去っていきます。それはまた私がそこから出発《パール》するもの、私を飾り《パール》、私を隔てる《セパール》ものなのです。私から出発して私から隔てられるもの。おのれが語るのを聞くこと、おのれ自身が語るのを自ら聞くこと（s'entendre-parler-soi-même）という「自己触発」、お互いが語るのを聞くこと（le s'entendre-parler-l'un l'autre）、言語の中で、あるいは口から耳へ、自分が〔＝互いが〕語るのを聞くこと——これは可動的《モバイル》なもののなかでももっとも可動的なものなのです。なぜならこれはもっとも不動のものであり、すべての移動《モバイル》電話のゼロ地点であり、すべての移動の絶対的な地盤であるからです。だからこそひとは一歩進むたびに、いわば靴底に言語を持ち運ぶのです。ただしあいかわらず自分から身を隔てながら。自分から発しながら、まさにその歩みにおいて、その起源の場を離れようとしないものからはけっして解放されることもないのです。

『コロノスのオイディプス』の終りには何が起きるのでしょうか。前にも述べたように、オイディプスは奇妙な歓待の経験を描き出しています。異国の地で死んでしまい、つねにおよそ望んでいた通りには死ぬことはできません。これは書かれた掟、そして書かれていない掟の悲劇なのです。死んだ兄たちの一人への最後の義務という体験〔『アンティゴネ』〕に先立って、アンティゴネは恐ろしいことを堪え忍び、それに名を付けています。それは父の墓を奪われること、とりわけ姉イスメネと同じく、父の最後の住まい＝墓所（la dernière demeure）についての知を奪われていることです。さらに悪いことに、彼女はそれを父によって、父自身の願い＝誓い（vœu）によって奪われてしまうのです。ひとつの誓約によって。まさに死のうとするとき、オイディプスはテセウスに命じて言います。自分の墓の場所をけっして誰にも知らせてくれるな、とくに娘たちに、と。あたかも彼は、彼を愛してくれる娘たちが喪をおこなうための行き先《アドレス》すら残さずに去りたいかのように。オイディプスはおのれの喪を無限に深刻化し、重大なものにしたいかのように振る舞います。娘たちがもはやおこなうことができない喪を。彼女たちから喪を奪い、彼女たちが喪をあきらめ（faire leur deuil du deuil）ざるをえなくしてしまいます。これほどまでに寛大で、また毒をはらんだ贈与の形式があるでしょうか。オイディプスは娘たちに喪の時間すら与えず、それを拒みます。しかしまさにそうすることによって、同時に彼は期限なき執行猶予、一種の無限の時間を与えるのです。

［対位法。二次的なモティーフ、重なり合って多声法《ポリファニー》をなす比較的独立したモティーフ。法を侵犯する父‐子、法の外の父‐子、娘の父‐兄であるオイディプスの死と埋葬について私が語ることを、これ以後みなさんは、ほとんど沈黙した省察の対位法として聞くことができます。沈黙したというよりは、故意に言い落とされた（réticent）省察といったほうがよいかもしれません。ご存じのとおり、黙説法（réticence）とは、故意に黙ることによって雄弁以上に多くをわからせるための文飾《フィギュール》のことです。問題はパリのノートルダムとジャルナックの間で最近起きたことについて省察し、また分析することなのです。[*8] これはオイディプスの埋葬の反対であると同時に同じものでもあり、また人類の歴史の中でたった一度起きること（hapax）であり、いずれにせよ、法規に則ったものとしての国家においてはたった一度のことなのです。二つの埋葬の間で、ひとつのそして二つの家族が、埋葬から埋葬へ。唯一の家‐父（pater-familias）、

唯一の家の主人であり国家の長である者、私的な人間でもあり君主である者、二人の息子とたった一人の娘、イスメネなきアンティゴネ、この唯一の娘は書かれざる掟と特異な関係を保たなければなりません。ここで私は何も言わないでしょう。あなた方ご自身が、一歩進むそのたびに、このことについて考えることでしょう。もしお望みならば、議論の時間にまったく自由な形でもう一度論じてもかまいません。言うことがあまりに多くて講義のためのメモを取ることはできませんでした。」

というわけで、死への戸口（seuil）でオイディプスはテセウスに言います。

アイゲウスの子よ、教えよう［didaxo. だからこれは教えなのです――デリダ］、久遠に朽ちることのないこの国の宝となるべきものを。今すぐに、手引きなしに、一人で、おれが世を去るべきところ［Khoron. コーラ（Khora）と同じく、これは場、間、用地、滞在地、地方、国などを指します――デリダ］へ案内しよう。［1518-1520］

このようにしてオイディプスは、住まいを、おのれの最後の住まい〔＝墓所〕を選ぼうとします。彼はそれを選ぶ唯一の者、それを決定すべき唯一の者になろうと願い、墓所のための唯一の者、命令に署名するものとしての唯一の者になろうとします。ある選択を布告し、おのれの死と埋葬の場にひとりで赴くことに固執するがゆえに唯一の者に。彼はおのれ自身の葬儀を秘密裡に遂行します。もっと正確に言えば、ほとんど秘密裡に。というのもこうした秘密を要求することによって、彼は秘密を打ち明け〔=委ね〕なければならないのですから。彼はテセウスに秘密を守ることを誓わせます。

たしかにオイディプスはテセウスにこの秘密を前もって明かすことさえしていません。彼はそれを予告し、保持された秘密、保持すべき秘密があることは知らせてくれるのですが、彼がそれを明かすのは到着したとき、墓のそば、最後の住まいの場に到着したときにすぎません。

だが、そのところを誰にも話してはならぬ、それが秘められているかの場所、それがあるところを。その地があなたにとって百万の楯、隣国の助けの槍にまさる永遠の助けとなるようにだ。禁ぜられた秘密は言葉で触れるべきではない［Ha d'exagista mede kineitai logô. 直訳すれば次のようになります。「語ってはならないもっとも不純で最も呪われたもの」、「言葉で冒瀆してはならない秘密」、「触れられてはならず、ロゴスによって、言説によって動かされてはならない呪われた事柄」——デリダ」。この秘密を、あなたが一人でそこに来たときに、覚るのだ。おれは誰にも言うわけにはいかないのだ。［だからこれは呪われた秘密なのです。彼が死んで埋葬される場、この秘密を彼は誰にも打ち明け［＝委ね］ません。テセウスにも打ち明けません。おまえは自分自身にもそれを打ち明けることはできないと言いながら。オイディプスはテセウスに、おまえ自身がこの秘密を発見するだろう、だから、最後の住まい、最後の滞在地、最後の住みかに付き随っているあいだは、それを隠したままにしておかなくてはならないだろう、と言います。あたかもテセウスはこの秘密を知らないかのように——デリダ」（……）。おれはここにいる町人たちの誰にも、たとえ愛する者ではあっても、おれの子どもたちにも、言うわけにはいかないのだ。［「たとえ愛する者ではあっても」。あたかも愛するということは、自分が死ぬ場所を愛する者に知らしめないという、究極の愛の証において伝えられるものでなくてはならないかのように。自分が死ぬ場所、自分が死んだ場所、自分が死んで・存在している場所、ひとたび死んでしまったときにいる場所を。あたかもオイディプスは、自分が愛を捧げた者、自分が愛する者、娘たちや息子たち（ここではアンティゴネとイスメネという娘たち）にたいして、この究極の愛の証を与える権利を奪われてしまっているかのように。愛する者に彼の死に場所、死んだ場所、死んで、ひとたび死んで存在している場所、ひとたび死んでしまって死んで存在している場所、ひとたび完全に（une fois pour toutes）死んで、ただ一度死んでしまっている場所を明かす権利を奪われてしまったオイディプスは、そのときあたかも娘を持たないかのようであり、もはや持たないかのようでもあり、かつて一度も持たなかったようでもあります――デリダ」……おれはここにいる町人たちの誰にも、たとえ愛する者ではあっても、おれの子どもたちにも、言うわけにはいかないのだ。いいや、あなただけがその秘密を守りつづけ［「いつまでもあなたの中で救い守り（all'autos aiei sôze）」。「いつまでも」（aiei）、すなわち「いつの時も」というのがこの救いの時間であり、彼が死んだ＝死んで存在している（être-mort）場所についての救い守られる秘密の時間なのです――デリダ」。あなただけがその秘密を守りつづけ、命の終わり（telos tou zen）に来た時に、長男のみに示し、次々に後に来る者に教え伝えるのだ。［1522-1526］

この演説の論理をたどってゆくならば、わたしたちが今聞いた演説とこの後の演説の歩調《パ》によって、この計算の拍子をとる〔=重要性を計る〕ことができるでしょう。とくに課せられた条件の拍子〔=重要性〕を。このことを代償に、伝統が確保されるでしょう。よき伝統が、町を救うことになる伝統が、都市の政治的な救済をたしかにする伝統が。都市は、伝統そのものと同じく、ある秘密の伝達によって支えられると定められています。どうでもよい生きた秘密ではなく、ある死のひそかな=非合法の(clandestin)場についての秘密、すなわちオイディプスの死についての秘密です。秘密の知、知についての秘密、要するに偉大なる違反者が死ぬ場所の知についての秘密です。偉大なる違反者、つまり無法者、盲目のアノモスは、秘密をみずから打ち明けることさえできず、他人に命じてその秘密を守らせるのです。異邦人である彼が死んでしまったときに知るであろう場についての秘密を。

> 命の終わりに来た時に、長男のみに示し、次々に後に来る者に教え伝えるのだ。こうすれば、この国を竜の牙の一族〔大地の子どもたち。これはカドモスが播いた竜の牙から生え出たテーバイの一族のこと。テーバイは大地の娘〕から害をこうむることとな

く、あなたは治められるだろう。多くの都市〔国家〕が、他の国に、それがたとえ正しく暮らしていても、容易に驕り高ぶる〔kathubrisan. hybris〔驕り〕を含む語〕ものなのだ。人が神に仕えることをおろそかにして、狂気（mainesthai）にはしる時には、神々は、ゆっくりとではあるが、間違いなく罰を下される〔神々の眼が見張っている、わたしたちの頭上の――またベッドや死の上の――掟のごとくに〕。それを、アイゲウスの子よ、うけないように！〔アテネとテーバイの間に起きる戦のおそれのこと〕〔コメントはいずれもデリダによる〕。

こうしてオイディプスは、歩みを早め、秘密のままにしておく場所へと赴きます。彼は、いわば神々との会合の約束に遅れたくないのです。遅れと急ぎのモティーフ、この走行の時間とリズム、この悲劇をマークする停止と急ぎを追跡していかなければならないでしょう。オイディプスは娘たちに声をかけ、自分についてきてくれ、と頼みます。それまでは彼女たちが盲人の彼を導いていたのですが、これからは彼のほうが率いていきます。盲人であるというのに、道を教えるのは彼であり、行き先を示すのも彼なのです。彼は自分に触れないでくれとさえ頼みます。触れてはならないものは法＝掟ではなく、アノモスなのです。

進め、おれにさわるな。このおれがこの地でうずもれることとなっている［kruphthenai khtoni. おれが埋葬され、隠され、隠蔽されることとなっている、おれが自分の地下墓所《クリプト》に消え去ることになっている――デリダ］その聖なる墓（ton hieron tumbon）はおれ一人で見出すことを許してくれ。

こうして異国の異邦人として、オイディプスは秘密〔＝不法〕の場に赴きます。一種の不法移民として、彼はそこで死の中に隠されるのです。うずもれ、埋葬されて、彼は隠れた地下墓所《クリプト》の夜の中に、ひそかに運び去られていきます。盲人の彼は、娘とテセウスを率いることによって、役割を逆転させます。けれども彼自身もヘルメスと冥府の女神たちに導かれているのです。

こちらのほうへ案内者ヘルメスと冥府の女神とがおれを連れて行かれるからだ。おお、おれにとっては光なき光よ（O phôs aphegges）、かつては、どうやら、おれのものであったが、今こそ最後におれの身体にお前は触れるのだ。

わたしたちが聞いているのは、盲目のオイディプス、視線なき異邦人、法の外の異邦人であるオイディプスの声なのです。それでも彼は自分の最後の住まいの禁じられた場への視線の権利を保持しようとしています。わたしたちはこの異邦人の異様な歎きを聞いているのです。

彼の不満（grief）、彼の grievance〔英語では「悲嘆」も意味する〕はどのようなものなのでしょうか。彼の悲嘆＝喪（deuil）とは何なのでしょうか。日の光に儀式的に暇《アデュー》を告げる瀕死の者（ひとが日の光を見ることによって生まれるとしたら、死ぬときにはその光を見るのをやめるのでしょうから）のように、盲目のオイディプスも、まもなく日の光を奪われなければならないことを泣き、歎くのです。ただし、けっして彼のものになってしまうことはないであろう日の光を失わなければならないことを歎きながら、盲人は触れることができる（tangible）光、優しく触れられる光、優しくなでる日の光を泣き歎くのです。日の光は彼に触れ、オイディプスは光に触れます。触れうるものでもあり、触れるものでもあるこの光に。目に見えない熱が彼に触れます。

彼がひそかに〔＝不法に〕奪われるもの、この隠れ《クリプト》の瞬間において、この隠れの隠れの瞬間において、オイディプスが隠れて隠れ場に埋葬される瞬間に奪われるもの、それはこれまでになかった光との接触なのです。ある語彙がこの最後の行き先《アドレス》を支配しています。それは隠れ、隠れ場、秘密といった意味論的な語群です。行き先はいわば埋め隠されています。そして娘たちや「愛する、最も愛する主人（hôte）、おれの異邦人」と呼ばれるテセウスに行き先を告げはしますが、オイディプスは彼らに抽象的なメッセージしか与えません。彼らは少なくともオイディプスが秘密の場所に赴くことは知っているのですが、それ以上何も知ることはありません。彼は最後の住まいに歩みを進め、そこにおいて消え去り、隠され〔＝暗号化され〕ます（encrypté）。隠れ《クリプト》の隠れのなかに。

もうおれは、おれの生涯の果てをハデスのところに隠しに行く（krupsôn）のだ。さあ、最も愛する主人（hôte）よ

「フランス語訳による。原文は「異邦人のなかで最も愛する者よ（philtate xenôn）」となっています。つまり異邦人は主人であり、オイディプスは自分の主人に異邦人にたいするように声をかけるのです。異国の地であり、秘められ

た場でもある地で、まさに死のうとする瞬間に――デリダ」、あなた自身とこの土地とあなたの家来たちが幸福であるように、そして栄えのうちに、とこしえなるあなたたちの幸のために、死んだおれを忘れないでくれ。

この瞬間にオイディプスは消え去り、おのれを隠し＝暗号化し、少なくとも二度にわたって隠され＝暗号化されます。あたかも二つの場、二つの出来事、二つの出来《しゅったい》(avoir-lieu) の瞬間があるかのように。二度奪われる死体が、埋葬され消失する二つの時間。一度は、死ぬときに、すでに失った光を失い、すでに奪われていた光を奪われるときであり、もう一度は、異国の地に埋葬されるときです。たんに遠くの地であるだけではなく、接近できない場 (site) において。そのときオイディプスは、自分を忘れないでくれ、と頼みます。自分を死んだままにする＝死んだまま保持するよう、祈願するのです。彼はそれを要求し、祈願しますが、この祈願は厳命でもあり、脅しを予感させ、脅迫を準備し予告します。いずれにせよ脅迫にみまごうほどに似ています。オイディプスは彼のことを忘れるなと要求します。気をつけろ。もしおれを忘れたら、すべてはうまくいかなくなるぞ、というわけです。そして彼がこの脅迫的な祈願と計算された厳命を差し向ける相手はクセノスつまり異邦人であり、また最も愛する主人、友としての主人なのです。しかしこの友であり仲間である主人は、今や一種の人質になっています。死者の人質、潜在的には消え去ってしまっている者の潜在的な捕虜に。

　このようにして主人は捕えられた人質になります。オイディプスの贈与に責任を持つと同時に、その犠牲者でもある者として拘留された受取人になるのです。オイディプスは、キリストにも似た身ぶりで、自分の死への到来（mourance）を、滞留（demeurance）を、死の滞留（demourance）を贈与します。これは私のからだである（Ceci est mon corps）〔聖体拝領の秘蹟の言葉〕、私の追憶として保存してくれ、というわけです。異邦人、お気に入りの主人、すなわち愛するテセウス（philtate xenôn）にオイディプスは声をかけます。最後の意志を表明する瞬間に、そしてこの両義的な自己厳命（mise en demeure de soi）の瞬間、つまりおのれの隠れ場《クリプト》の秘密についての打ち明け話を信頼してゆだねる瞬間に、選ばれた主人は誓いによって束縛された人質となります。テセウスが束縛されてしまうのは、自発的に発せられた誓いによってではなく、彼が図らずも、非対称的に拘束されることになってしまった誓い（horkos）によってなのです。神の前で拘束され、オイディプスの言葉だけによって指定されてしまうのです。というのも、この無法者の埋葬を神が監視し、見張っているからです。そしてオイディプスの娘たちが聖なる墓（hieron tumbon）を見せてくださいと頼んだり、秘密が秘せられた場に行かせてくださいと願ったりしたときにも、テセウスは自分を神に束縛している誓い（horkos）を理由に拒絶します。贈与された秘密によって束縛されたお気に入りの主人を筆頭に、すべての人間が死者の人質なのです。主人は秘密を贈与され、ゆだねられたのであり、保持すべきものとして贈与されたのであり、それを保持しなければならず、こうして掟によって強制されます。この掟は、テセウスが従うことを選択する以前に、彼に降ってかかったものなのです。

（こうしてわれわれは歓待の見えない舞台への道に引き戻されます。歓待の掟なき掟、さらには人質戦争にさえも。のちに別の段階で再び論じるであろうレヴィナスの言葉を思い出しておきましょう。それはまず「主体とは主人 hôte である」(8)という言葉であり、また、それから何年もたったあとの「主体とは人質である」(9)という言葉です。）

オイディプスの終焉。コロスの祈願が聞こえてきます。異邦人（xenos）であるオイディプスが死者たちの野に下りてゆくように、という祈願が。そこはすべてが飲み込まれるステュックス〔冥府の河〕の家なのです。二人の娘の声が聞こえます。テセウスが秘密を守ると誓ってしまったからには、死にゆく父と別れなければならない娘たちの声が。父はそれほどの遅れなく、死のうとしています。後に示すように、この場面全体で、遅れの主題が執拗に繰り返されます。ここにはおそらく支障となる時間〔＝反‐時間〕（contretemps）が隠されていて、最後の歓待の場面全体を組織し、場を真に支配しているのでしょう。遅れてはならない、遅れを少なくしなければならない、つねにもう少し急がなければならないのです。ひとはつねになんらかの仕方で遅れています。意識はつねに余計な猶予の時間をしか先取りすることはできません。二人の娘が歎き悲しんでいます。けれども、彼女たちが歎いているのは、たんに父にもう会えないことだけではありません（「破滅の闇が眼にかかりました」とアンティゴネは言う）。彼女たちはみずからを哀れんで（se plaindre）いるのであり、二つのことについて不満を述べて（se plaindre *de*）もいます。この二人の告訴人は、二つの事柄を弁明すると同時に、二度告発してもいます。一方では、父が異国の地で死んだこと、彼が遠くで死ぬことをまず望んだことを。そして他方では、異国の地の秘密に隠されて、父の亡骸《なきがら》、彼女たちのものである父の亡骸が墓碑なしで埋葬されてしまったことを。おそらく墓所がないことではなく、墓碑（tombeau）なしで、つまり決まった場所もなく、記念碑もなく、区切られて特定できる喪の場所なしに、定まった《アレ》場もなく葬られたことを。定まった場《アレテ》もなく、決まったトポスもなしに、喪は拒まれてしまっています。あるいは同じことになりますが、喪は場を持つことなく〔＝起きることなく〕、決まった場を持つことなく約束されています。だからそれはあらゆる作業にたいして挑むかのように、際限のない喪として、無限の喪として約束されています。ありうべきすべての喪の作業〔フロイト〕の彼方で。唯一の可能な喪は、不可能な喪なのです。

嘆き＝不平（plaintes）。このように隠された父の身体が、冒瀆からも再固有化からも守られていることを認めながら、アンティゴネは歎きます。彼女は自分自身を歎くと同時に他者について不平を述べ、他者にたいして歎いています（Klagen/Anklagen）。彼女が不平を述べているのは、父が異国の地で死んでしまったことであり、しかも、場所をまったく特定できない場に埋め隠されてしまったことなのです。彼女は喪が拒まれたことについて不平を述べ、いずれにせよ喪が涙なきものであること、喪から涙が奪われていることについて不平を述べています。彼女は泣かないことを泣き、涙を省略《エコノミー》せざるをえないような喪を歎き泣いているのです。たしかに彼女は泣いてはいます。しかし彼女が泣いているのは、おそらく父であるというよりは、その喪であり、彼女が奪われた喪であると言うことができるでしょう。彼女は正常な喪が奪われたことを歎き泣きます。それが可能であるなら、彼女は喪を泣いているのです。

どうやったら喪を泣くことができるのでしょう。喪をおこなうことができないことをどうやって泣けばよいというのでしょう。どのようにして喪をあきらめること〔＝喪の喪をおこなうこと〕(faire son deuil du deuil) ができるのでしょう。でも、ほかにどうしようもない、喪は有限でなければならないのだから。また、喪の喪は無限でなければならないはずなのだから。その可能性において不可能なものなのだから。

これがアンティゴネの涙を通して泣かれている問いなのです。これは問い以上のものです。というのも、問いが泣くことはありませんが、これはおそらくあらゆる問いの起源なのですから。そしてこれが異邦人──女の異邦人──の問いなのです。この涙を、かつて誰が見たことがあるでしょうか。

彼女の声を聞いてみましょう。アンティゴネが泣いて流す涙、それを彼女は異国の地、見知らぬ大地の中で、死んだ父を歎きながら流しています。しかも父は死の中に隠されたままでいなくてはならず、さらによそよそしいよそ者になってしまっているのです。この死は、異邦人が異邦人になること（le devenir-étranger）であり、異邦人になることの絶対的な瞬間です。というのも、死においても墓碑の可視性が異邦人を再び我がものにすることができたはずだし、それが一種の祖国への復帰を意味することもできたはずだからです。ところが、この場合には、はっきりした（manifeste）墓もなく、可視的で現象的な墓碑もなく、たんに秘密の埋葬、近親者にも娘にさえも見えない非－墓碑があるばかりです。だから死は異国の地でますますよそよそしいものになっていきます。わたしたちが聞いた通り、娘はたしかに不可能な喪を泣いてはいます。しかし彼女はあえて死者そのものに向けて泣こうとしています。彼女は死者を呼びかけ、死者を要求し、死者を挑発しているのですから。死を越えて、彼女は父にに向けて呼びかけ、父の亡霊に呼びかけるのです。よそよそしくなってしまったよそ者の父に。彼女はもはや父の喪をおこなうことも〔＝父をあきらめることも〕できないのですから（だから、これはあらゆる意味において異邦人の問題であり、異邦人への女の異邦人の問いなのです）。異邦人の父、無法者で盲人で死んだ父にたいして要望と問いを投げかけることによって、アンティゴネは——他のなによりも、いやせめて——自分を見てください、と頼んでいます。というよりはむしろ、彼女は自分が泣いているのを見てくださいと頼むのです。涙は語ります、目はまずは見るためにあるのではなく、泣くためにあるのだ、と。アンティゴネの声を聞きましょう。一度ならず掟の外に出た父の亡霊に呼びかける異邦人の泣き女の声を。彼女の父は多くの意味で異邦人でした。異国の地に死にに来たことにおいて異邦人であり、秘密の場に埋葬されたことにおいて異邦人であり、目に見える墓なしに埋葬されたことにおいて異邦人であり、喪の悲しみに沈んだ近親者によって、しかるべく正常に泣かれることもできないことにおいて異邦人なのです。

父の定めに不平を述べ、それを歎きながら、アンティゴネは恐ろしいことを口にします。彼女はあえて言います。この恐ろしい定め、父の運命を、父自身が望んでいたことになるでしょう、と。これはオイディプスの欲望であり、オイディプスの欲望の掟であったのです。この欲望する身体、いやいやながらも欲望し続ける身体、死にさらわれていった身体、極度《アルシ》に秘密で、過剰に隠され、喪もない死の欲望の底から欲望し続けるオイディプス、自分の死体の彼方で支配し続けるこの無法者、ひそかに＝非合法に彼を隠してくれる異国においてもなお支配し続けることを主張するこの無法者、盲人で死んだ父、他界して別れていった父、彼女を捨てた父、その形象《フィギュール》が掟の外の掟の掟を代表する父、彼女のたったひとりの父にたいして、アンティゴネはある明確なことを要求します。父がいまこの瞬間に、ついに彼女を見ること、そして彼女が泣くのを見ることを。さらに正確に言いましょう。彼女は自分の涙を見ることを彼に命じるのです。目の中で見られることなく泣かれるもの、それは死にたいする「ホームレス［＝住所不定者］」の不可視性、場所の不在、非場所性であり、父の身体から現象的な外在性を奪い取るあらゆるものなのです。この心情の内在性、不可視の言葉、これこそが涙にやってくるもの、涙として目にやってくるものであり、内的であると同時に無限な苦しみ、夜の秘密なのです。これこそを見てくださいとアンティゴネは父に要求します。彼女は見ること、見えないものを見ること、つまり不可能なことをすること、二重の意味で不可能なことをすることを要求するのです。

アンティゴネ：不幸への憧れなどというものがございましたなあ！　わたくしが父を抱いていますうちは、楽しいわけがないものも、楽しかったのでございます。お父さま、愛する、地下の常闇に身を包んだお方！　地下においでになりましても、わたくしと、この人との愛情をけっしておなくしになることはございますまい。

コロス：やったか？

アンティゴネ：あの方は好きなようになさいました。

コロス：どんなふうに？

アンティゴネ：あの方がお望みの異国で、おかくれ。あの方は永遠にお墓の蔭に眠りの場所をもっておいでで、痛ましい歎き〔フランス語訳は deuil（喪＝歎き）〕をお残しになりました。見てください、お父さま、わたくしのこの目はあなたに対して歎き悲しんでいます。わたくしは、この不幸なわたくしは、あなたへの歎きを、どう消せばよいやらわかりませぬ。かなしや、異国の土地でおかくれになるのをお望み、これでは、わたくしは、おかくれになったお父さまに近づくことができませぬ。

[1697–1710]

死んだ盲目の父に見るべきものを与えること、そして彼女の涙を見せること、この二重の不可能性を前にすると、アンティゴネにはひとつの道しか残されていません。

自殺という道しか。けれども、たとえ自殺するとしても、彼女は父が埋葬された場で死にたいと願っています。見いだすことができない場、テセウスが伝える誓いのゆえに、見いだすことができない場で死にたい、と。というのも、この非場所性はなんらかの場所論的《トポロジック》な操作に基づくものではなく、誓われた誓い、オイディプスに要求された誓約（Horkos）、じつはオイディプス自身によって課せられ、定められた誓約によるのですから。他律性、他者の欲望と法。そう、この他者は最後の者です。最初の人間オイディプス（ヘーゲル）は最後の人間オイディプス（ニーチェ）でもあります。彼は消え去ることだけではなく、近親者にも見つけられなくなることを望み、彼らの喪から逃れ、おのれの喪そのものについての喪の悲嘆にくれた喪の深淵におのれを運び去り、近親者を運び去ろうと望んだのです。

アンティゴネ：妹よ、さあ急ぎ帰りましょう。
イスメネ：何をしに？
アンティゴネ：私はこがれています。
イスメネ：何を？

アンティゴネ：地下の住居《すまい》を見ることを。
イスメネ：誰の？
アンティゴネ：お父さまの。ああ、かなしや。
イスメネ：どうしてそれが許されましょう？　おわかりになりませんの。（……）
みんないないところで、おかくれになりました、葬いなしで。
アンティゴネ：私を連れて行って、それから殺して！　[1723-1730]

まさにこの祈願の瞬間に、テセウスが戻ってきて誓約を思い出させます。彼は誓約（Horkos）を担う（誓約という名を持つ）ゼウスの息子を思い出させます。なされた誓いを守り、そして誓約違反（parjure）を犯さずにすますためには、彼女たちは父の聖なる最後の住まいを自分の目で見てはならないのです。

テセウス：何を、乙女よ、お望みか。
アンティゴネ：わたくしたちのこの眼で見たい、お父さまのお墓が。
テセウス：いいや、それは許されない。

アンティゴネ：なんとおっしゃいます、王よ、アテナイの主よ。

テセウス：乙女たちよ、あの方は私に禁じた、いかなる人の子もかの場所に近づき、あの方の眠っている聖なる墓に呼びかけることを。そしてこの約束を守っている限り、私の国は常に安泰だと言った。それゆえに、かの神とゼウスの従者なるすべてを照覧ある誓いの神（Horkos）とは、私の誓言の証人となったのだ。

アンティゴネ：あのお方の御心にそれがかなうというのなら、それでよろしゅうございます。ですが、古きテーバイへ、わたくしたちをやってくださいませ。兄弟たちが流そうとしている血を止めることができるかもしれませぬ。[1755-1772]

コロノスのオイディプスを通過するこの長い脱線は、パリとジャルナックの間で、『歓待の掟』と題された憲章によって、いわば最初のアプローチとして、命じられたものでした。これはベッドの真上でガラスの下に書かれた憲法であり、触れることも読むこともできません。眠りと愛、夢とファンタスム、生と死の「ベッドの真上」にあったのです。憲章をその場所に掛けたのはその場の主人、「家の主人」でした。語り手の言葉を信ずるならば、主人は「誰でもかまわないがともかく客が夕暮れにやってきて、彼の家に宿をとり、旅の疲れをいやすその顔に自分の喜びが反映するようにと、なによりも心をくだいて」いたのでした。

家の主人は「家の戸口（seuil）で気もそぞろに見知らぬ客（étranger）のおとずれを待ちうけている。やがて主人は、地平線のかなたから客人が救い主のように現われるのを目にとめる。遠くのほうに客人の姿が見えると、いちはやく主人は彼に大声で呼びかける。「はやくおはいりなさい。ぼくは自分の幸福がこわいんです」と」。「はやくおはいりなさい」、「はやく」というのは、つまり後れをとることなく、また待つこともなく、おはいりくださいということです。待つことのないものを待つこと、これが欲望なのです。客は急がなければなりません。異邦人＝見知らぬ客が入ってくる運動において、欲望は、その破棄を起点に時間を測定しています。異邦人、つまりこの場合待たれる客は、たんに「来なさい」と言われる誰かなのではありません。客は「おはいりなさい」、待つことなくおはいりなさいと言われる誰かであり、わたしたちの家ですぐにお休みなさい、急いでおはいりなさい、「中に来なさい」、「私の中に来なさい」と言われる誰かなのです。たんに私に向かってではなく、私の中になのです。私を占領しなさい、私の中に場を占めなさい（＝お座りなさい）。このことは同時に、私の代わりにもなりなさい（prends aussi ma place）、私を迎えに来たり、「私の家に」来ることだけで満足してはいけません、ということも意味します。戸口を通過することと、それは入ることであり、たんに近づいて来たりすることなのではありません。気もそぞろに、客を救済者ないしは解放者として待っている主の論理はじつに奇妙なものですが、われわれに多くのことを教えてくれます。あたかも客が鍵を握っているかのようではありませんか。政治においても異邦人の状況は同じです。異邦人（＝外国人）は外からやって来て、国や家、我が家に入り、立法者として法を作り〔＝場を支配し〕（faire la loi）、民族や国家を解放します。民族や国家は異邦人に呼びかけたうえで、彼を入らせるのです。あたかも（あいかわらず「あたかも」が法を作る＝支配するのです）異邦人が主人を救い、客（hôte）の権力を解放することができるかのように。要するにオイディプスと同じです。オイディプスの死に場所について守られた秘密も、都市を救ったり、先ほど読んだ契約によって救いを約束していたりしていました。あたかも主人というものは、まさに主人として、おのれの場所と権力、自己性、主観性の囚人であるかのように（その主観性が人質です）。だから、主人つまり招待者、招待する主人こそが人質となる――いやじつはつねに人質になってしまっているのでしょう。そして客（hôte）すなわち招かれた人質（guest）は招待者の招待者となり、主人（host）の主となるのです。hôte は hôte の hôte となる。つまり客（guest）が主人（host）の主人（host）となるのです。

この置き換え〔＝身代わり〕によって全員が互いの人質となります。これこそが歓待の掟なのです。それは書の冒頭ですでに予告されている「困難なことがら」や、そこで発せられたアポリアに対応します。まずそれは報告されます。それも語り手自身、すなわち甥によって。甥とは直系の息子ではない家族のひとりであり、擬似的な父殺しとして振る舞うことになります。この「困難なことがら」は「ガラス張り」の歓待の掟の引用がなされるより前に、すでに予告されてしまっていることでしょう。それを定式化することは可能でしょうか。おそらく可能でしょう。ただし、ごく単純に見える二律背反に従うならば。すなわち、両立不可能な二つの仮説の同時性、二つの仮説の「同時に（à la fois）」の二律背反に。「ひとは、〔ひとりの女を〕同時に抱いたり、抱かないでいたりすること、そこに同時に居あわせたり、居あわせないでいることは不可能だし、内部にいながら入ることはできない」。

ところが、この「同時に」の不可能性、それは同時に、起きる〔＝到来する〕ことでもあります。ひとたび、そしてそのたびごとに。起きるであろうことであり、つねに起きることでもあります。ひとは抱くことなしに抱く。主人は〔客を〕受け入れ＝抱き、迎え入れる。ただし「彼の」招待者や語り手の伯母である「彼の」妻を、客として取ったり抱いたりすることなしに。こうして内部から入ることもできます。家の主人は自分の家にいるが、客の力を借りて自分の家になんとか入り込むことができるのです。外からやってくる客の力を借りて。だから、主は内部から入るのです。あたかも外から来たかのようにして。彼は訪問者の力（grâce）を借りて自分の家に入ります。自分の客の恵み（grâce）によって。このような二律背反は完全に矛盾し続けており、またそうでなくてはならないのですから、出来事は長く続きはしません。語り手ははっきり述べています。「ところが、それは長続きしない……なぜならひとは、ひとりの女を同時に抱いたり、抱かないでいたりすること、そこに同時に居あわせたり、居あわせないでいることは不可能だし、内部にいながら入ることはできないからだ」。

この持続なき持続、この間《ま》、この強奪、取り消される瞬間の瞬間、一種の絶対的な停止や絶対的な急ぎに収斂するこの無限の時間、これは必然性であって、やり過ごすことはもはやできません。ひとはつねに遅れていると感じると同時に、急がなければならないという誘惑につねに屈してしまいます。歓待の欲望、歓待としての欲望にさいなまれながら。つねに満たされることのない歓待のただ中で。

コメントはあとの討論の時間にすることにして、今のところは、ひとつのありえそうもない継起する時間についてだけ注目しておきましょう。これは二律背反をはらんだ「掟」の時間的様態、この歓待の不可能な時間性《クロノロジー》そのものです。ささやかなアイロニーによって「困難なことがら」と呼ばれているのはこれなのです。困難なことがらとは、することができないもののことです。困難さが限界にまで達したとき、「する（faire）」とか「手際（facture）」とか「手段（façon）」といった、可能なものの次元さえ、超過してしまうのです。この場合、することができないもの（infaisable）は、時間に依存しているように思われます。この「困難なことがら」はつねに時間の時間への生成（devenir-temps du temps）という形式を持っています。だから、これを歓待の計測不可能なタイミングとみなすこともできるでしょう。以下では、このように時間をマークするもの、この駆け引き（＝筋）の時間のクロノメータを傍点で強調することにします。

困難なことがら

ロベルト伯母を腕の中に抱きしめているとき、オクターヴ伯父は自分だけが彼女を独占していると考えることができなかった。ロベルトが伯父の目の前に〔＝現前して〕いるとき（toute à la présence de mon oncle）、客が入ってくるような場合があった。その客をロベルトは待ってはいなかった。断固たる決意をもってやってくる客に彼女が不安な期待をよせている（s'attendait）と、もうすでに客が彼女の背後に姿を現わしている、そこへちょうどよい時間に（juste à temps）伯父がはいってきて、客に不意をつかれた伯母の満ちたりた恐怖の場面の不意をつくことがあった。しかし伯父の精神内部ではそれも一瞬しか持続せず、またしても彼は伯母を腕に抱きしめるところだ（sur le point de）。だが、それも一瞬しか持続しない……なぜならひとは、ひとりの女を同時に抱いたり、抱かないでいたりすること、そこに同時に居あわせたり、居あわせないでいることは不可能だし、内部にいながら入ることはできないからだ。もしオクターヴが、ドアの開かれる瞬間を長びかせようと思っていたとすれば、あまりに過大な要求というべきだろう。客がドアのところに姿を現わし、まさにその瞬間にロベルトの背後に立つ、するとオクターヴは自分自身がその客になったような気分を味わう。そこでオクターヴは客にならって外からドアをあける動作をし、自分自身がロベルトの不意を襲っているような錯覚におちいる。これがうまくいけばそれだけでも、オクターヴにとっては相当な成果だった。

伯父の精神状態をなによりも雄弁に物語るものとして手書きの文書があり、ガラス張りの額縁におさめられて、客室のちょうど寝台の上にあたる壁にかけられてあった。数輪の野の花が古風な額縁の上でしぼんでいた。

歓待の掟

この家の主人は、誰でもかまわないがともかく客が夕暮、彼の家に宿をとり、旅の疲れをいやすその顔に自分の喜びが反映することこそが、なによりも急を要することだ、と心をくだいている。だから彼は、家の戸口で気もそぞろに見知らぬ客(étranger)のおとずれを待ちうけているのだ。やがて主人は、地平線のかなたに、客人が救い主のように現われるのを目にとめるだろう。遠くのほうに客人の姿が見えると、いちはやく主人は彼に大声で呼びかけるであろう。「はやくおはいりなさい。ぼくは自分の幸福がこわいんです」と。〔前掲『ロベルトは今夜』、邦訳一六七―一六九頁〕

前回の講義でわたしたちは、異邦人の問いをいささか奇妙なやり方で移動させておきました。問いの順番ないしは方向、そしてじつは問いの意味そのものを逆転することによって問いを移動させたのです。プラトンのテクスト（『クリトン』、『ソピステス』、『ポリテイア』、『ソクラテスの弁明』）およびソポクレスのテクスト（『コロノスのオイディプス』）をざっと読み直すことによって、わたしたちは「異邦人＝客人」のいくつかの形象によって、問いを投げかけられるに至ったのでした。そのときひとつの前提条件に注意を向けておきました。問題の主題やタイトルとしての、または研究計画としての異邦人の問いに先立って、つまり異邦人が何であり、何を意味し、誰であるのかを知っていると前提してしまうより前に、それより以前に、「異邦人を宛先とする要求＝問い（la question-demande adressée à l'étranger)」（お前は誰か、どこから来たのだ、望みは何だ、来たいのか、最終的にはどこに着きたいのだ、など）があります。このことはたしかです。しかし、この問いよりもさらに以前に、異邦人から来た問いとしての異邦人の問いがあることは強調しておかなければなりません。つまり、応答と責任の問いが。こうした問いにどのように応答すれば（répondre à）よいのでしょうか。またどのようにその責任を持てば（répondre de）よいのでしょうか。こうした問いを前にして、どのようにみずからに責任を取ればよいのでしょうか。要求でもあり、さらには祈願でもあるような問いを前にして。どの言語で異邦人は問いを差し向けることができるのでしょうか。私たちの言語を受け取ってくれるのでしょうか。どの言語で、彼に問いかければよいのでしょうか。

この「言語《ラング》」という言葉を広義にも狭義にも理解する必要があるでしょう。歓待の概念や異邦人の概念の広がりを問題にしたときと同じように、ひとつの困難が立ちはだかってきます。それは、いわゆる広い意味と厳密《ストリクト》な意味の間の差異、そして両者の多かれ少なかれ密着した関係、二つの意味の狭窄《ストリクチュール》＝収斂の問題です。異邦人に声をかけるための言語、そして（聞くとすればの話ですが）異邦人の声を聞くための言語は、広義には、言語に宿っている文化の総体、価値、規範、意義などを意味します。同じ言語を話すということは、単なる言語学的な活動ではありません。エートス一般の問題なのです。ついでに付け加えておきましょう。たとえ同じ国民《ナショナル》言葉を話さなかったとしても、もしその人が私と文化を共有し、たとえばある同じ豊かさの生活様式を共有していたとしたならば、私は別の「社会階級」とかつて呼ばれていたもの（この言葉については、もちろん批判的な注意が必要なのですが、それをあっさりと捨て去ってしまってはならないでしょう）に所属する同胞や同国人よりも、「異邦人」である度合いが少ないこともあります。少なくともある点では、私は言語を共有しないパレスチナのブルジョワ知識人と共通点を持っています。それにたいして、なんらかの社会的・経済的理由やその他の理由によって、ある観点からすれば、あるフランス人がもっとよそよそしい存在になるでしょう。さて、今度は言語という言葉を厳密に解するならば、それは国籍《ナショナリティ》と重なることはなく、その意味ではイスラエルのブルジョワ知識人は、スイスの労働者、ベルギーの農民、ケベックのボクサーやフランス人警察官などよりも、さらによそよそしい存在になるでしょう。このいわゆる狭義の言語、つまり、市民権とは一致しない言説上の特有言語《イディオム》（たとえばフランス人とケベックの人、あるいはイギリス人とアメリカ人はおおまかにいって同じ言語を話す）としての言語についての問いは、つねにさまざまな形で歓待の経験の中に含まれていることに気づかれるでしょう。招待、迎え入れ、庇護、住居提供などは言語ないしは他者への呼びかけを経由します。レヴィナスが別の視点から述べているように、言語とは歓待である(est)、ということなのです。わたしたちはつねに問うていました。絶対的で誇張的で無条件な歓待とは、言葉を停止すること、ある限定された言葉を、さらには他者への呼びかけを停止することにあるのではないか。つまり他者にたいして、あなたは誰だ、名前は何だ、どこから来たのだ、などと尋ねたいという誘惑は抑えなければならないのではないか。さまざまな必要条件を通告するような問いを問うことは控えなければならないのではないか。さもないと歓待には限定《リミット》が加えられ、権利と義務に縛り付けられ、そこに閉じ込められてしまうのではないだろうか。こうして歓待は、円環の経済《エコノミー》=配分法則に閉じ込められてしまうのではないか、とわたしたちは問うてきたのです。つねにジレンマが狙っています。一方には、権利や義務、さらには政治さえも越える無条件の歓待があり、他方には権利や義務によって囲い込まれている歓待があります。つねに一方は他方を堕落させる可能性を持ち、この堕落可能性を消し去ることはできません。それはそのようなものであるべきなのです。たしかにこの自粛

（「来なさい、入りなさい、私の家にとどまりなさい、お前の名前は聞きません、責任を持てとも言いません、どこから来てどこへ行くのか、などとも聞きません」）のほうが、留保なき贈与を提供する絶対的な歓待の名によりふさわしく見えます。そしてそこに言語の可能性を見いだす人もいるかもしれません。黙していること、それはすでにありうべき言葉《パロール》の一様態だからです。わたしたちは言語や歓待の概念のこうした二つの意味の拡がりの間でもがき続けなければならないでしょう。また歓待の掟の二つの体制《レジーム》についても後に述べる機会があるでしょう。一方では無条件で誇張的な歓待があり、他方では条件的で法的・政治的な歓待、さらには倫理的な歓待があります。じつを言えば、倫理（＝エートス的なもの）というものは、それが住まう場所の基準を、絶対的な尊敬や贈与に合わせるか、交換や均衡や規範などに合わせるかによって、二つの方向に引っ張られています。言語の二つの意味については、探求の二つの方向、二つのプログラム、二つの問題系をざっと指摘しておきましょう。これらはどちらも「狭義の」言語、自然言語ないしは国民言語に限られています。言説や発話行為や表現法はこうした言語から力を汲み取っています。

一、先ほど述べたように、「ひとが身に携えている言語」は、原理上かぎりなく精密化・複雑化する技術的な人工補助装置（prothèse）（携帯電話はその一形態にすぎません）からも、また自己触発からも切り離すことができません。この自己触発が、そのもっとも固有な可能性において、生物一般の自己‐移動性（auto-mobilité）に依存していることは、誰もが合意するでしょう。せめて、この自己‐規範性〔＝自律性〕（auto-nomie）のファンタスムなき歓待はありえないでしょうか。言語の「自分が語るのを聞くこと」は、こうした自己‐移動的な自己触発の特権的な形象なのですが、こうした自己触発のファンタスムなき歓待はあるのでしょうか。

二、固有名というものは、言語ないしは――じつはそれが条件づけている――通常の言語機能には属さないとするならば、また別のところで示そうとしたように、固有名は他の語のようには翻訳できないとするならば（Peter は Pierre の翻訳ではありません）、歓待についてそこからどのような帰結を引き出せばよいのでしょうか。歓待はその純粋な可能性における固有名の呼びかけないしは呼び戻しを前提する（それはお前のものだ、私が「来たれ」「入れ」「ウィ（oui）」と語るお前自身のものだ）と同時に、この同じ固有名の抹消をも前提とします（「来たれ」「ウィ」「入れ」「おまえが誰であろうと、お前の名前、言語、性、種が何であろうと、人間であろうと動物であろうと、神であろうと……」)(10)。

わたしたちが試みている手続き(=足取り)は奇妙《エトランジュ》なものですが、それは一種の掟=法によって課せられたものでもあります。この掟=法を諸言語や諸コードの交差として記述することもできるでしょう。一方でわたしたちは、とりわけ文学的・哲学的テクストを通して「わたしたちの」歴史に問いかけたりしながら、事態を一般的で抽象的な形式化へと導きます。他方では、ある事例が、他の可能な例にもまして、現代の政治的な緊急事項、いや(まさに政治的なものや法的なものが問題にされているのですから)政治以上のものでもある緊急事項の領域へとわたしたちを招き寄せます。ところが、この緊急事項は、たんに古典的な構造を現代化するだけではありません。それは、こうした遺産やそれについての支配的な解釈を、あたかもみずから脱構築するかのように見えます。まさにこうした地点において、わたしたちはこうした緊急事項に興味を持ち、視野に入れるのです。すでに指摘しておいたように、これは新たな遠距離通信技術《テレテクノロジー》の問題や、それが場所、領土、死などをどのように配置するかといった問題を伴っています。

人質の構造については、その掟ないしは二律背反を分析する必要があるでしょう。

この二律背反は、本質的で、ほとんど非歴史的なものです。そのためには古代の例を引くこともできるし、レヴィナスの倫理的な発言を引き合いに出すこともできますが、新たな経験、新たな人質戦争においてどのような問題系の変化が生じるかについて分析することもできます。たとえばチェチェンで起きていることは、こうした視点から分析されるべきでしょう。そこでは人質の奪取は戦時の恐ろしい武器となっており、もはや市民戦争なのか、〔カール・〕シュミットの言う意味での）パルチザン〔非正規兵〕の戦争なのかも判然とせず、あるときは同国人が、あるときは同じ宗教を持つ者や外国人が、戦い合っています。人質とはもはや、戦争法や万民法で保護された戦時の捕虜ではなくなってしまっています。同国人が相互に対立し、もはや同国人であることを望まず、他国民とみなされる異邦人となることを願うような特殊な戦争においては、人質は古典的な手段となってしまいました。ただし、彼らが望む国はいまだ存在せず、国家はまだ到来していないのですが。国民国家の境界のこうした再構造化は、ますます加速しています。それもヨーロッパだけではありません（「ヨーロッパ」という名とそれが関係する「もの」は、非常に謎めいているとはいえ、おそらく以下のような独自な出来事にふさわしい時空間を指し示しているでしょう。すなわち、ヨーロッパにおいては、普遍的歓待の権利＝法が最も根元的で、おそらくは最もきちんと形式化された定義を受け入れたであろうということです。たとえば、わたしたちがたえず参照してきたカントの『永遠平和のために』というテクストや、それを支えたであろう伝統全体があります）。戦争というものは、ヨーロッパ（旧ユーゴスラビア）でであれ、その周辺（ロシアと旧ソ連）においてであれ、文字通りないしは厳密な意味で植民戦争、つまり植民化された民族による解放戦争なのではないでしょうか。ところが、ひとはそれに再植民化ないしは脱植民化の運動という形を与えてしまいます。

もし時間があって、私の話に少しばかり自伝的な注釈を加えるのがよいとするならば、比較的最近のアルジェリアの歴史についてこの視点から分析をしてもよいでしょう。アルジェリアとフランスという二国間に起きた出来事は現代の生活のなかでなお生き続けており、これからもまた到来しうるものなのです。フランスの法律では、アルジェリアは保護国ではなくフランスの県の集合体でありました。当時のアルジェリアでは、外国人の歴史、市民権の歴史、つまり完全な資格を備えたフランス国民と、第二地域の国民や非フランス国民とを分かつ境界の生成の運動は、一八三〇年から今日に至るまで、非常に複雑に錯綜しながら動いてきました。これほどの例は、私の知るかぎりでは、世界にも人類の歴史にもありません。この点については、今年の講義の初めに紹介しておいた「アルジェリアにおける市民権の錯綜」というルイ＝オーギュスタン・バリエールの『完全なる権利』誌〔*Plein droit* (La revue du Groupe d'information et de soutien des immigrés), n°s 29-30, 1995〕における論文を参照してください。植民化当初から第二次世界大戦の終結に至るまで、アルジェリアのムスリム〔＝イスラム教徒〕たちは「現地フランス国民（nationaux français）」と呼ばれ、「フランス国民」ではなかったのです。この区別はわずかですが決定的です。根本的には彼らは絶対的な外国人ではなかったのですが、厳密な意味での市民権を持っていなかったのです。一八三四年の政令《オルドナンス》で当時「アフリカ大陸北部の属領」と呼ばれていた地域を併合したとき、この地方の住人であったアラブやベルベルのムスリム、およびユダヤ人はあいかわらず宗教法に従っていました。三十年後の一八六五年には、これらの現地住民は権利上はフランス人の資格を受け、文官の資格を要求できるようになったのですが、それはフランス市民権を持たないフランス人としてでした。しかし条文にも想定されているように、この市民権を持たない現地のフランス人も、ある条件のもとに自分の地位を放棄し、この件に関して裁定権を握っている公権力が認めたならば、市民権を得ることができます。現地のユダヤ人住民のフランス市民権獲得は、一八三四年十月二十四日のかのクレミュー法《デクレ》によって加速したのですが、ヴィシー政権下に廃止されてしまいました。当時ドイツ人は首都の一部しか占拠しておらず、まったく介入や要請を行わなかったというのに。事態を変化させるのはつねに戦争です。第一次大戦後の（そして前線における多くのアルジェリア人の死に続く）一九一九年二月の法律は、さらなる一歩を踏み出します。それはフランス国家の自由裁量を通らない手続きによって、アルジェリアのムスリムにフランス市民権を与えるというものでした。ところが、これもまた失敗。というのは行政がムスリムにこれを勧めなかったからでもありますし、またムスリムたちが抵抗したからでもあります。市民権の獲得の代償として、彼らは個人的な地位（とくに宗教的な権利など）を放棄しなければならなかったのです。だから市民権への歓待が提供されたのは、彼らが自分の文化とみなしているものを放棄するという条件の下でにすぎません。こうした図式はもうおなじみになってしまったことでしょう。第二次世界大戦の前にはまた進歩（かのブルム＝ヴィオレット法案）がありました。これは兵役に就いたり、大学的・商業的・農業的・行政的・政治的な地位に就いたことでフランスに同化したとみなされるすべての人間に、ムスリムとしての個人的な地位を放棄させることなく、市民権を保証するものなのです。これもまた失敗します。アルジェリア人が再びフランスの防衛と解放に参加したことによって、第二次世界大戦後には新たな進歩が生まれます。一九四四年三月七日の法令《オルドナンス》は、アルジェリアのフランス人にたいして出自、人種、言語、宗教の区別なく市民権と平等を与えたのです。それは憲法の前文と第八一条によって規定された権利と義務を伴います。それでもなお二つの選挙母体が区別されています。このことはおそらくアルジェリアを独立に導いた反乱と無縁ではないでしょうし、少なくともそのひとつの原因ではあるでしょう。第一の選挙母体は非ムスリムといくつかの条件（学歴、軍隊での兵役、受勲、将校の資格。ただし下士官は含まれません。一九五四年の反乱の指導者の多くがいたからです）を満たしているムスリムからなります。この二重の選挙母体はアルジェリア戦争まで存続します。アルジェリアの独立以後はこうした「紛糾」が続き、それに終止符を打ったのがいわゆる「パスクワ法」、つまりフランス入国についてアルジェリア人を他の外国人と同じ条件に従わせる「正常化」です（エヴィアン協定では、アルジェリア人のフランス入国について査証を免除するという特別措置を想定していました。わたしたちがこの「正常化」に抗議したときに、パスクワ氏のお仲間は「エヴィアン協定の時代は終りだ」と答えたものです)。

今日の講義の結論に入る前に、二つの予告ないしは二つの議定事項《プロトコル》だけ述べておこうと思います。

まず第一に無条件の歓待と、歓待に条件を付ける権利と義務の区別を考えてみましょう。歓待の欲望を麻痺させたり歓待の要請を打ち壊してしまうどころか、この区別は、カントの言葉で言うならば、媒介的な「図式」を規定せよと命令します(ただし近似的ないしは類比的な意味でにすぎませんが。というのは、厳密な意味で言うとすれば、歓待の欲望や要請は排除されてしまうからです。この排除についてはじっくりと考えてみる必要があります)。一方には、歓待の無条件な掟や歓待の絶対的な欲望、そして他方には、条件付きの権利・政治・倫理があるとします。これら二つの間には区別や根本的な異質性がありますが、それらは不可分でもあります。一方は他方を呼び求め、含み、命令として課すのです。無条件の歓待にいわば正当性を認めることによって、限定され、制限可能で、限界を画定されうる法=権利、簡単に言えば計算可能な法=権利にどのようにして場を与えればよいのでしょうか。どのようにして具体的な政治や倫理に場を与えればよいのでしょうか。歴史、進化、実質的な革命、進歩など、完璧にされうる可能性を備えた政治や倫理に。前代未聞の歴史的状況からの新たな命令に応答し、法律を変え、市民権、民主主義、国際法などの定義を変更することによって、それに対応するような政治、倫理、法＝権利に、どのように場を与えればよいのでしょうか。これは、無条件なものの名の下に、歓待の条件に実際に介入することにほかなりません。たとえ純粋な無条件なるものは到達不可能だとしても。そしてその無条件なものが到達不可能なのは、それが規制的な理念やカント的な意味での〈理念〉、つまり無限に遠ざかりながらつねに不十全に接近されるような理念であるからだけではありません。構造的な理由によって到達不可能なのであり、すでに分析したような内的な矛盾によって「遮断」されているからなのです。だとするならば、どのように政治、倫理、法＝権利に場を与えればよいのでしょうか。

第二の予告は、銘ないしは参照の要求という形を取ることになります。これまで選んできた例はすべて、客であれ敵であれ、異邦人にたいする歓待の権利や、異邦人にたいする関係の構造において、同じものが支配していることを示すことにありました。同じものとは、父権的でファロス＝ロゴス中心主義的な婚姻のモデルです。歓待の掟を課すのは、家庭の暴君、父親、夫、主人《パトロン》、家の主《あるじ》などです。この数週間の講義で検討したことですが、この者は掟を代表し、掟に服従することによって、他者をも掟に服従させ、歓待の権力《ブヴォワール》〔＝能力〕の暴力、この自己性の潜在的能力《ピュイサンス》を行使するのです。また適宜指摘しておいたように、歓待の問題は倫理の問題と重なっていました。その際重要であったのは、住まいの責任を取ること、滞在地、住居、家、家庭、家族、我が家としての同一性、空間、境界＝限界、エートスなどの責任を取ることでした。しかし、これからわたしたちが検討しなければならないのは、歓待が倫理それ自体と重なるような状況だけではありません。歓待の掟が「道徳《モラル》」やある種の「倫理」より上に置かれていると見えるような状況もまた検討しなければなりません。

　この困難な問題の道しるべとして、ロトと娘のよく知られた物語を思い出してもよいでしょう。この話は、聖アウグスティヌスの嘘についての二つの偉大な書に続いて、カントが前に紹介した「人間愛からなら嘘をついてもよいという誤った権利」という論文で引いている例とも無関係ではありません。悪者や暴行者や殺人者に客を引き渡すべきでしょうか。それとも泊めている人にたいする責任を感じ、その人を救うために嘘をつくべきでしょうか。『創世記』（一九の一以下）では、ロトは歓待の掟を何よりも上位に位置づけているようです。とりわけ近親者や家族に、そしてまず彼の娘に結びつけている倫理的な義務よりも上位に。ソドムの男たちが、その晩ロトの家にやってきて泊まっている客たちに会わせろと要求します。ソドムの男たちが客たちに会いたいのは、ある翻訳によれば、彼らを「貫く（pénétrer）」ためであり（シュラキ訳「彼らを外に出せ、彼らを貫こうぜ」）、もっと穏やかな別の翻訳によれば、彼らを「知る〔＝味わう〕」ためです（プレイヤード叢書のドルムの仏訳「彼らを外にだせ。彼らを知る〔＝味わう〕ことができるように」）。ロト自身も、ソドムの町に滞在（gûr）しにやって来た異邦人（gêr）です。泊めてやっている客を、家父として、また全能の父として、いかなる代価を払っても守り通すため、ロトはソドムの男たちに二人の処女の娘を差し出します。彼女たちはまだ男によって「貫かれて」はいないからです。

この場面の直前では、アブラハムのもとに神と三人の使いが現れます。マムレの木の下でアブラハムは彼らに歓待を供します。この場面についてはまたいつか述べることになるでしょう。これはアブラハムの歓待の根本的な大舞台であり、マシニョンの『聖なる歓待』や『与えられた言葉』が参照している主要な場面でもあります〔Louis Massignon, *L'Hospitalité sacrée*, Nouvelle Cité, 1994 ; *Parole donnée*, Seuil, 1983〕。

夕方、二人の使いはソドムにやってきた。ロトはソドムの門のところに座っていた。ロトは〔彼らを〕見ると、立ち上がって彼らを迎え、顔が地につくばかりにひれ伏した。彼は言った、「ご主人がた、ぜひ、僕《しもべ》の家にお立ち寄りください、足をお洗いになって、お泊まり下さい。明朝、早くに起きて、旅路をお進み下さればよいのです」。彼らは言った、「いいえ、われらは〔町の〕広場に泊まります」。しかし、彼がしきりに勧めるので、彼らはロトのところに立ち寄り、家に入った。彼は彼らのために食事を調え、種抜きパンを焼いた。彼らは〔それを〕食べた。

彼らが横になる前に、町の男たち――ソドムの男たち――が、若者から老人まで町中こぞって、彼の家のまわりを囲んだ。彼らはロトに向かって叫び、彼に言った、「今晩、お前のところにやって来た男たちはどこだ。彼らを前に出せ。彼らを知りたい〔＝貫きたい〕ものだ」。ロトは戸口を出て彼らのところに行き、背後の戸を閉めて、言った、「兄弟たち、どうか、ひどいことをしないでほしい。ごらんのように、私には男たちに貫かれていない二人の娘がいます。彼女たちをあなたがたに差し出しましょう。あなたがたの好きなように彼女たちを扱ったらよい。ですが、この方々だけにはいっさい手出しをしないでほしい。彼らは〔客人として〕いったん私の庇護のもとに入ったのだから」[11]。

男色《ソドミー》と性的差異。これと同じ歓待の掟が、同様の取り引きに場を与え、主人と人質の一種のヒエラルキーを作り出しています。それは『士師記』の中の有名なエフライム山の場面です。家の者とともにベツレヘムに向かう旅行者を迎え入れた主人は、ベリヤアルの子らである男たち〔＝邪な者たち〕の訪問を受けます。彼らはこの旅行者を「貫かせてくれ（この表現には性的な意味合いがあると翻訳者は指摘しています）」と要求します。

その家の主人は彼らのところに出て行き、彼らに言った。「私の兄弟たちよ、それはいけない。どうか悪さをしないでくれ。この人が私の家に入った後に、そんな恥ずべきことをすべきではない。見よ、私の家には処女の娘と彼の側妻《そばめ》がいる。私が彼らを連れ出すから、辱めるなら、辱めるがいい。そして、あなたがたの目に良いと思えることを彼らにするがいい。だが、この人に対しては、あなたがたはそんな恥ずべきことをすべきではない」。しかし、その男たちは彼の言うことを聞こうとはしなかった。そこでその客人は、自分の側妻を捕えて外にいる彼らのところに出した。男たちは彼女を犯し、一晩中朝まで彼女らを辱めて、夜明け前に彼女を放した。明け方頃に女は戻って来て、彼女の主人がいるその人の家の戸口に明るくなるまで倒れ伏していた。彼女の主人は朝早く起きた(12)。

この物語の終り、あえて言えばその反歌〔＝送付〕(envoi)のほうはもっとよく知られています。歓待の名の下に男たちはお互いに女性を、もっと正確に言えば「側妻《そばめ》」を送り合います。主人、つまり女の「主《あるじ》」は「儀礼用の刀を取り、自分の側妻をつかみ、その遺体を十二の断片に切り刻んだ。そして、彼はそれをイスラエルの全領域に送りつけた。それを見た者は皆、言った。「イスラエルの子らがエジプトから上って来たその日から今日に至るまで、このようなことは起こらなかったし、見られなかった。あなたがたは心して事をはかり、語れ(13)」。

わたしたちはこの歓待のさまざまな掟の伝統の遺産を受け継いでいるのでしょうか。それもどの程度までに？　こうした論理や物語を通過しながら、どこに不変なものを見いだせばよいのでしょうか、もしそれがあるとすればの話ですが。

こうしたことは、わたしたちの記憶の中で無限に〔＝無限に向けて〕証言しているのです。

原注

（1） PLATON, *Apologie de Socrate*, 17 c-d, trad. M. Croiset, Editions Budé〔田中美知太郎訳『ソクラテスの弁明』、『プラトン全集 1』所収、岩波書店、一九七五年、五一頁。一部デリダの注釈に合わせて改訳〕。［この議論は即興的に展開されたが、次のような簡単なメモしか残っていない。「ここで注意だけしておいて、あとで詳しく注釈したり説明しなければならないことがある。それは、複数の言語《ランガージュ》やコードやコノテーションが、同じひとつの国家言語の内部でどのような社会・文化的な差異を持つかということだ。それは言語《ラング》内部の言語であり、家庭的＝国内的なもの（domesticité）における「異邦人性（étrangèreté）」の諸効果であり、同《メーム》における、異邦人的なもののことだ。ひとつの言語の中で多くの言語を話すことができる。その結果、さまざまな分裂、緊張、紛争が生まれる。それらは潜在的、間接的であったり、あからさまに告げられたり延期させられたりはするが」。］

（2） *Criton*, 49e, 50 a-d, trad. M. Croiset, Editions Budé〔田中美知太郎訳『クリトン』、『プラトン全集 1』所収、岩波書店、一九七五年〕。

(3) *Œdipe à Colone*, 1-5, 12-13, 21, 30-40, trad. P. Mazon et J. Irigoin, Editions Budé〔高津春繁訳『コロノスのオイディプス』、『ギリシア悲劇 II』所収、ちくま文庫、一九八六年。訳書には行番号が付けられているので以下では邦訳の頁数は適宜省略する〕。

(4) *Ibid.*, 87-91, 108-110, 115-140.

(5) *Ibid.*, 511-548.

(6) このような契約の論理、負債なき「義務」あるいは義務なき「義務」については、たとえば *Passions*, Galilée, 1993, p. 88 sq.〔湯浅博雄訳『パッション』未來社、二〇〇一年、五六頁および訳注11〕を参照せよ。よくお読みいただければおわかりだと思うが、そこでも「義務に適った（pflichtmässig）」ものについてのカントの議論を繰り返すことが問題なのではなく、それどころか、カントに抗して、そしてカントなしで、負債と義務の彼方に身を置くこと、さらには純粋な義務から（aus reiner Pflicht）なされるものの彼方に身を置くことが問題になっている。〔訳注。カントは『道徳形而上学原論』や『実践理性批判』第一篇第三章において、「純粋な義務に基づいた（aus reiner Pflicht）行為」と「義務に適った（pflichtmässig）行為」を区別する。真に道徳的価値を持つのは、「道徳的法則への尊敬」にのみ基づいて善意志の確立を目指す、「純粋な義務に基づいた行為」だけである。したがって、「密かな動機の背後に」自己愛が隠されていないか、「犠牲」の背後にたんに「義務に適った」だけの行為が隠されていないか、つねに心を解読しなければならない。デリダは、このように心の「秘密」を解読し尽くし、「純粋な義務に基づいた行為」を取り出すなどということは、「構造的な」限界ゆえに不可能であると指摘する。「義務の純粋さには原理的に不純性が内在している」。たとえばカントは、キリストの例を模倣する行為ですら真に道徳的ではありえないとするが、デリダはいかなる有限な存在もこうした「ミメーシス一般」や「反復可能性（itérabilité）」の混淆を免れえないとする。同様に、義務と非‐義務、負債と非‐負債、応答と非‐応答、感性的なもの（「パトローギシュ」なもの）と非‐感性的なものなどの区別も、原理的に混淆せざるを得ないであろう、とデリダは主張する。〕

（7）Cf. *Le Monolinguisme de l'autre*, Galilée, 1996, p. 100 sq.〔守中高明訳『たった一つの、私のものではない言葉──他者の単一言語使用』岩波書店、二〇〇一年、一五五頁以下。この点についてはアンヌ・デュフールマンテルの紹介を参照〕。

（8）*Totalité et Infini*, 1961, p. 276〔合田正人訳『全体性と無限』国文社、一九八九年、四六〇頁〕。

（9）*Autrement qu'être ou au-delà de l'essence*, 1974, p. 142〔合田正人訳『存在の彼方へ』講談社学術文庫、一九九九年、二六〇頁〕。また p. 150, 164, 179, 201, 212 および「身代わり（substitution）」についての章の全体をも参照せよ。このレヴィナスの読解は、その後詳しく展開されている（cf. *Adieu à Emmanuel Lévinas*, Galilée, 1997〔藤本一勇訳『アデュー──エマニュエル・レヴィナスへ』岩波書店、二〇〇四年〕）。

（10）この二点は即興的な議論の際に詳しく展開されたが、その痕跡はまったく残されていない。

（11）『創世記』一九の八—九（月本昭男訳『旧約聖書Ⅰ　創世記』岩波書店、一九九七年、五三—五四頁。ただし一部デリダが引用するアンドレ・シュラキの仏訳に合わせた）。

（12）『士師記』一九の二三—二五、trad. A. Chouraqui（鈴木佳秀訳『旧約聖書Ⅳ　ヨシュア記・士師記』岩波書店、一九九八年、二〇五—二〇六頁）。

（13）周知の通り、ルソーはこの挿話に価値を備給し、これを解釈し、変容させた。それは『言語起源論』および『エフライムのレビ人』においてである。後者についてルソーは『告白』で、「これは私の最高の著作ではないが、最も愛着のある著作であり続けるだろう」と述べている。これらのテキストについては、ペギー・カムーフ（Peggy Kamuf）が一章をまるごと費やしておこなっている素晴らしい分析を参照されたい。*Signatures—ou l'institution de l'auteur*, Galilée, 1991, p. 107–132.

訳注

＊1　レヴィナスは、とりわけ『存在の彼方へ』において、他者との対面的で近接的な関係、それに伴う無限の倫理的責任の場に、第三者が介入することによって、その近さがかき乱され、「正義によって何をなすべきか？」という問いが誕生すると述べる（合田正人訳、講談社学術文庫、一九九九年、三五七頁）。デリダはレヴィナス論『アデュー』において、この問題を詳細に分析し、この第三者がつねにすでに不可避的に介入しているがゆえに、「顔」の経験と同じくらい根源的であることを強調する。保護者であり媒介者でもある第三者は、「法的・政治的な生成の場においては、すくなくとも潜在的には一者に向けられた倫理的欲望を侵害する」。この「ダブルバインド」を突き詰めるならば、正義と問いそのものである第三者は、他者にたいする無限の責任という誓約に、原理的な「誓約違反（parjure）」の可能性を持ち込むことになるだろう。「正義はこの誓約違反とともに始まる」（*Adieu à Emmanuel Lévinas*, Paris, Galilée, 1997, p. 62-68. 藤本一勇訳『アデュー──エマニュエル・レヴィナスへ』岩波書店、二〇〇四年、五二頁）。

＊2　ここでデリダは、hospitalité（客人歓待）という制度と用語に関する、言語学者バ

ンヴェニストの語源的な解釈を参照している（Emile Benveniste, *Le vocabulaire des institutions indo-européennes*, t.1 (économie, parenté, société), Paris, Minuit, 1969, p. 87 sq.（エミール・バンヴェニスト『インド＝ヨーロッパ諸制度語彙集 Ⅰ』、前田耕作監修、蔵持不三也他訳、言叢社、一九九九年、八〇頁以下）。

バンヴェニストによれば、hôte（客人、主人）というフランス語はラテン語ではhostis（敵、よそ者）およびhospes（主人、客）にあたり、これは*hosti-pet-に由来する。彼の説明の骨組みだけ記しておく。

①まず-pet-という要素は、ラテン語のpotisに関係し、また-pt-（ラテン語の-pte, i-pse?）という形も取り、本来は個人のアイデンティティを意味する。家族集団の中では「もっとも自分自身（ipse）である主」を意味する。また動詞表現pote est, potest（できる）もこれに関係し、「能力、権力（pouvoir）」の意味が隠されている。

②次に、hostisは本来は「補償（＝決済）（compensation）による平等観」に基づく語である。hositsな者とは、「私の贈与を対抗贈与（contre-don）によって補償する者」であり、本来は客人を意味していた。したがって、ローマの客人歓待は、「ローマ市民と同等の権利を認められたよそ者」にたいして与えられ、盟約を前提とする互酬的で相互的な制度である（これに対応するギリシャのクセニア（xenia）の制度についてはデリダ自身がすこし後で要約している）。hostis＝「敵」という意味は、都市間の排除関係の出現に伴うものであろうとバンヴェニストは言う。贈与の問題に関して、バンヴェニストはモ

ースのいわゆる「贈与論」を下敷きにしている。

③　こうして*hosti-pet-という名詞は「すぐれて客人歓待（hospitalité）を具現する者」を表す。この語の各要素はいずれも「迎え入れと相互性に基づく制度」に関係し、この制度のおかげで、客人は歓待を受け、社会集団同士が盟約をとり結び、交換をおこなうのである。

デリダがこの分析で注目しているのは、自己性と異邦人＝客人の関係であり、そこに介入する権力＝能力の問題である。所有や固有性の問題には、他者の到来による自己性の剝奪の可能性が、交換としての贈与にたいしては、交換なき贈与の可能性が考慮されることになるだろう。いずれにせよ、バンヴェニストの語源解釈は「狭義の」言語分析にとどまることはできず、「言語的ないしはロゴス中心主義的な閉域の彼方」に延長されるべきものである（*Donner le temps*, t. 1, Paris, Galilée, 1991, p. 107）。

＊3　「人倫」「客観的道徳性」はいずれもヘーゲル『法哲学』に由来する用語。この書は「抽象的権利＝法」「道徳（Moralität）」「人倫（Sittlichkeit）」の三部に分かれる。「道徳」がカント的な主観的道徳によって、いまだ抽象的な善を追求するのにたいし、それを止揚した「人倫」においては、客観的な道徳によって、具体的な自由の理念が制度として実現される。さらに、この「人倫」は「家族」「市民社会」「国家」の三段階に分かれるとされる。デリダは『弔鐘』（*Glas*, Galilée, 1974）において、この「道徳」から「家族」への弁証法的移行を脱構築することから出発し、アンティゴネや喪の問題など、本講義とも重な

る多くの重要な問題を論じている。

＊4　arrivant は既出の arrivance とともに、デリダの造語的表現。「到来者」と訳しておいたものの、かならずしも人間を指すとは限らない。デリダによれば、この語は、到来するものの中性的性格（neutralité）と特異性（singularité）をよく示しているという。それはまったく予期せぬ場に、それが何であるか――人間であるのか、動物であるのか、神であるのか――、わからないうちに到来するまったき他者（tout autre）である。この他者の無条件な受け入れこそが絶対的歓待である（*Apories*, Paris, Galilée, 1996, p. 66 et sq. 港道隆訳『アポリア――死す「真理の諸限界」を［で／相］待‐期する』人文書院、二〇〇〇年、七一頁以下）。

＊5　Gewalt はベンヤミン「暴力批判論」（*Zur Kritik der Gewalt*）（野村修訳『暴力批判論』所収、岩波文庫、一九九四年）を意識したもの。デリダは『法の力』の第二論文「ベンヤミンの名《プレノン》」においてベンヤミンのこの著作を読解しているが、その際まず「暴力」（violence）と訳される Gewalt という用語が、法を措定したり維持したりする「正当な力」、立法の権威、認可された暴力などをも指すことを指摘している（*Force de loi*, Galilée, 1994, p. 74. 堅田研一訳『法の力』法政大学出版局、一九九九年、九八頁以下）。

＊6　カント『永遠平和のために』第二章「第三確定条項。世界市民法は普遍的な歓待をもたらす諸条件に制限されなければならない」（宇都宮芳明訳、岩波文庫、一九八五年、四七頁）。デリダによる批判的読解については「万国の世界市民たち、もう一努力だ！」（港

道隆訳『世界』一九九六年十一月号、三一〇頁以下）および本書の「訳者あとがき」を参照。

＊7　「おのれが語るのを聞くこと」はデリダが初期のフッサール論『声と現象』（高橋允昭訳、理想社、一九七〇年。林好雄訳、ちくま学芸文庫、二〇〇五年）第六章で論じた主題。デリダは、フッサール現象学において「おのれの声を聞く」という事態が、純粋な「自己触発」（ハイデガーがカントの時間論を論ずる際に使用した用語）であり、この「生き生きとした現在」の自己現前において純粋な理念性が創設されることを指摘したうえで、そこに密かに働く「痕跡」としての「原‐エクリチュール」の「間隔化（espacement）」の働きを暴き出していた。ここではこの主題が携帯電話という技術論的な主題と結びつけられていることに注目されたい。

＊8　フランスの元大統領フランソワ・ミッテランは、この講義の十日ほど前の一九九六年一月八日に死亡する。公式の葬儀は一月十一日、パリのノートルダム寺院で行われたが、それと同時に、故郷のジャルナックにおいて、私的な葬儀が行われ、ミッテランはそこで埋葬される。このジャルナックの葬儀において、彼の愛人であったアンヌ・パンジョと娘のマザリンヌも出席した。「イスメネなきアンティゴネ」とはこのマザリンヌのことを指すと思われる。

訳者あとがき

「歓待」とは一般的に、国家、共同体、家庭などが、その戸口（seuil）に到来した他者（外国人、異邦人、よそ者、客人など）を――無条件に、あるいは条件付きで――「迎え入れる」慣習や制度のことをいう。もちろん歓迎すべき客ばかりではないだろう。だが、たとえば旧約聖書の『士師記』には「この方々だけには一切手出しをしないでほしい。彼らはいったん私の庇護のもとに入ったのだから」という言葉がある。いったん迎え入れたからには、あらゆる法律や倫理を越えた別の次元において、客人を庇護しなければならないのである。

インターネット時代とは言うものの、国境や共同体のあいだをさまよう人々がたえず新たに生まれつつある現代社会において、「歓待の掟」の遺産をどのように引き継げばよいのか。この問いによって哲学的に問い質されているのは、もちろん内部や自己と呼ばれるものである。自己などはない、と言うだけでは十分ではない。歓待のありかたについて、つねに誰かが、すぐにでも決定を下さなければならないからだ。

こうした緊急事態に促されたかのように、デリダの講義《ゼミナール》に出席していたアンヌ・デュフールマンテルが、主人であるデリダを招待する。本書は、一九九五年から一九九六年にかけておこなわれたデリダの講義のうち、一九九六年の一月十日と十七日の講義をそのまま採録したものに、アンヌ・デュフールマンテルがデリダ論を加えてできあがったものである（Anne Dufourmantelle invite Jacques Derrida à répondre *de l'hospitalité*, Paris, Calmann-Lévy, coll. «Petite bibliothèque des idées», 1997）。両義的な原題を訳せば『アンヌ・デュフールマンテルの招待により、ジャック・デリダが歓待について答える＝歓待の責任を取る』とでもなろうか。

なお共著書のアンヌ・デュフールマンテルは一九六四年にパリに生まれた哲学者・精神分析家・小説家。著書に『母の野蛮』（*La sauvagerie maternelle*, Calmann-Lévy, 2001）、『リスクをたたえて』（*Éloge du risque*, Payot, 2011）などがある。本書刊行当時はカルマン＝レヴィ社の「思想小叢書」の編集責任者であった。二〇一七年、溺れかけた子どもを助けようとしてみずからが溺れ死去（『ル・モンド』紙、二〇一七年七月二十四日号のエリザベート・ルディネスコの追悼文による）。

＊

訳者自身はこの年度の講義には参加していないが、デリダはあらかじめ原稿を用意してきて、即興的に議論を差し挟んだり、メモを取ったりしながら読んでいたので、おそらく本書はこの原稿に若干の手を入れてできあがったものであろう。なお一九九八年度に至るデリダの講義は「責任の問題」をめぐっておこなわれていた。一九九八年度の主題は「赦しと誓約違反」である。

デリダの講義というと、彼の思想に詳しい一部の研究者向けのものと思われるかもしれないが、実際には多くの外国人を含む不特定多数の人間に開かれていたので、本書は他書に比べるとはるかにわかりやすいもの、教育的なものとなっている。旧約聖書、ギリシャ悲劇、プラトン、カントなどにおける「歓待の掟」の伝統がていねいに分析されたかと思うと、移民・難民をめぐる政治状況、インターネット、携帯電話犯罪、警察の盗聴、元大統領ミッテランの葬儀など、当時の今日的な問題が気軽にはさみこまれていく。こうした過去と現在、テキストとその外部の往復運動がかたちづくる「リズム」が、本書の魅力の一つであるといえよう。ただし通年の講義の二日のみを抜粋したものなので、本書だけでは理解しがたい部分も残されており、それについては最小限の注釈を加えて、読者の理解の便をはかっておいた。

一九九六年にデリダがあえて「歓待」をテーマに据えた背景には、いわゆる移民や難民の問題という緊急事態があったことはあきらかである(1)。フランスでは一七九三年の憲法で「自由という大義のゆえに祖国を追われた外国人に庇護を与える」ということが明文化されていた（ただし、このように歓待が近代の法や「人権」に書き込まれると同時に、ナショナリズムと庇護の矛盾が始まることも付け加えておく必要がある）。自由と庇護の地、フランス。だが、少なくとも一九七四年以来、フランス政府は「移民の波を統御する」という名目のもとに、労働移民に対する規制を強化し、とりわけ一九八六年、さらには九二年以降、本書でも触れられている悪名高き「パスクワ（当時の内務大臣）法」などによって、移民の入国・滞在の規制が強化されていった。同時に、フランス国籍法の改正もおこなわれ、フランスで生まれた外国人の子どもが自動的に国籍を獲得することも見直されていく。政権交代・経済状態の変化・極右の台頭などの外的な状況の変化とともに、規制は緩和されたり、再び強化されたりするが、いずれにせよ確実なことは、この過程において「サン・パピエ（滞在・労働許可証なき者）」と呼ばれる「不法」移民が生産されてしまったことである。そして、規制は移民個人にとどまらず、合流を望む家族、その子どもを巻き込み、「世代」を越えて広がっていく。これに対して「サン・パピエ」たちは、主に教会を拠点に長期の集団ハンガーストライキをおこない、従来の左翼運動の枠組にはおさまらない、新たな運動の組織化の方法を模索した。一九九六年、パリのサン・ベルナール教会を占拠した「サン・パピエ」たちが警察によって強制排除されるのは、本書の講義の半年ほど後の八月のことである。

いずれにせよ、歓待の問題は、たんなる法律の問題、政策の問題ではないし、内なる他者に寛容であれ、といったモラルの問題でもない。「サン・パピエ」の運動そのものにおいて、法、政治、倫理の条件が問われているのだ。

また、本書ではあえてはっきりと語られていないが、一九四〇年のヴィシー政権下、ドイツ軍による占領がなかったにもかかわらず、「アルジェリアのユダヤ人」であったデリダ自身が突如として市民権を奪われている。「我々はフランス人の人質であった」（守中高明訳『たった一つの、私のものではない言葉——他者の単一言語使用』岩波書店、二〇〇一年）。こうした「アイデンティティの混乱《トラブル》」から出発して、どのように歓待を語ればよいのか？

＊

この緊急事態を前にデリダは、「歓待の掟」のアポリアを指摘する。一方には、異邦人を無条件に受け入れる「絶対的」で無条件の歓待がある。これは、異邦人のアイデンティティを問いただささず、固有名を聞くこともせず、いかなる代償をも求めずに迎え入れるものである。他方には、条件的な歓待、すなわちアイデンティティや名前を確認したうえで、その義務と権利をさだめる計算可能な歓待がある。絶対的な歓待なき文化は文化とはいえず、計算不可能なものに対して開かれていないような歓待は、歓待とはいえない。我が家のアイデンティティ、国家や文化のアイデンティティは、他者に対して開かれていることを前提とするのだ。

だがデリダは、この二つの歓待が根本的に異質であると同時に、相互に含み合い、呼び求め合ってもいることを強調する。言い換えるならば、絶対的で普遍的な歓待は、つねに条件的な歓待にむしばまれ、浸食されている。それは、みずから条件的な歓待を要求し、計算可能な義務や権利を設定するのだ。こうして内部と外部をわけるさまざまな境界が打ち立てられていき、無償の贈与であったものが、国家間の相互的な盟約や条約に変じていく。絶対的な歓待は、原理的に倒錯と堕落の可能性をはらんでいる。それは不可能な歓待であり、「アポリア（出口がないこと・通過できないこと）」なのだ。

　このように言うと、デリダは例によって非決定性をもてあそび、決定を先延ばしにすることによって、具体的な法律の進歩の可能性を拒絶しているだけだと思われるかもしれない。だがデリダの課題は、こうした歓待の二重性を、カント的な二律背反《アンチノミー》とみなすことにあるのでも、弁証法的に統合することにあるのでもない。そうではなく、この「アポリア」の場を「非受動的なかたちで堪え忍ぶ」（港道隆訳『アポリア——死す「真理の諸限界」を［で／相］待-期する』人文書院）ことによって、不可能性のただなかに「決定」と「責任」の可能性を見いだし、もろもろの具体的な法の進歩の可能性をさぐることにある。この不可能性の可能性を通過することによってのみ、法を通して、そして法の彼方に、歓待の正義の可能性がかいま見られるのだ。不可能なことが起きる、「まさにこの瞬間に」。この「瞬間」は同時性なき瞬間、不可能な共時の一瞬であり、不可能なことはけっして現前しない。しかしこの「アポリアの経験」を経ることによってのみ、予測不可能で計算不可能な到来者(l'arrivant)に対する扉がふと開かれ、国境という分割不可能な境界も、その内側からほつれていくかもしれない。

＊

こうした視点のもと、デリダは別のところで、カントの『永遠平和のために』の第三確定条項を批判的に読解している。デリダによれば、「普遍的歓待」の諸条件を吟味する過程で、カントは世界市民法を拡張すると同時に自己限定してしまう。まず彼は、普遍的な歓待を「訪問の権利」に限定し、「宿泊(客人)の権利」を排除する。同時に、「私的な」歓待を「公共の」

歓待に従属させる。この二つの限定の結果として、歓待は「法によって、そして国家の警察によって制御される」ことになる、とデリダは指摘する（港道隆訳「万国の世界市民たち、もう一努力だ！」、『世界』一九九六年十一月号）。普遍的な歓待が法に書き込まれようとするとき、原理的に堕落の可能性をはらんでいること——カントのテクストは、近代ヨーロッパの「公共空間」の創設、そして「平和状態」の確立そのものに内在するこのアポリアを、もっとも強力に示しているとデリダは言う。

本書では、この私的なものと公的なものの境界が、インターネットや携帯電話などの「遠隔通信技術《テレテクノロジー》」によって揺るがされ、あらたな警察《ポリス》＝治安の拡大を正当化する危険が生じていることが指摘されている。従来の歓待は「我が家」の私的空間と、そこに住まう主人の自己性や権力を前提していた。だが、それがインターネットやモバイル通信の普及によって揺るがされ、「我が家」の固有性が崩壊し、古典的な歓待の場そのものが解体しようとしている。このような場の解体は、私的空間が、従来の家屋や国家という境界を逸脱して拡大していることを意味し、いわゆる透明な「コミュニケーション」の発達にとっては歓迎すべき事態なのかもしれない。だが、この発達が逆説的に、私的領域の「セキュリティ」の保護の必要を感じさせ、潜在的な

「異邦人《クセノ》＝よそ者嫌悪《フォビー》」を生み出してしまう。また、この新たな公共空間における「寄生者《パラサイト》」（携帯電話や電子メールを使った犯罪など）を排除するため、警察による盗聴、電子メールの傍受などが正当化されてしまう。

このように、現代の空間においては、私的な空間とポリスの空間、超国家的なネットワークと新たなナショナリズムが、ヴァーチャルな技術的空間において交叉している。新たな歓待の条件をさぐるためには、こうした技術的な人工補助装置（prothèse）の存在を考慮に入れなければならないだろう。それは歓待の条件をなす、自己と自己との関係そのものに入り込んでいるのだから。

自己に入り込むヴァーチャルなシミュラークル。これはまた死と秘密の可能性とも関係している。このことを悲劇として描いているのがソポクレスの『コロノスのオイディプス』である。近親相姦で父殺しで盲目の無法者オイディプスは、アンティゴネに手を引かれながら、亡霊のごときよそ者＝異邦人としてコロノスに向かい、やがて娘たちにさえ場所を知らせずに消え去っていく。

オイディプスは異国の地において、掟の外の存在として死んでいく。行き先も告げずに。だがよそ者である彼は、まさにおのれの死に場所についての「秘密」によって、主人であるはずのテセウスをほとんど脅迫的に束縛する。秘密をゆだねられ、それを守らなければならぬという「誓い」によって、テセウスは「人質」とされてしまうのだ。到来者を迎え入れること、それは死の秘密を蝶番に、主人と客との関係が逆転し、主人が客の客となることにほかならない。

他方、イスメネとともに残されたアンティゴネには、不可能な喪しか残されていない。目に見える墓はなく、フロイトのいう「喪の作業」をおこなう可能性は奪われてしまっているのだ。この不可能な喪、そしてそれが与える無限の時間に答えるために、アンティゴネは、目にあふれる涙をつきつける。

このようにオイディプスは、主人と客、内と外、可視性と不可視性、暴露と秘密、脅迫と約束、俗と聖などを入れ子状に組み合わせながら、ますますよそしいよそ者となっていくことによって、都市国家《ポリス》の「伝統」を創設する。入れ子状に埋め隠された彼の死こそが、都市国家を救い、守りつづけるからだ。

こうした精緻な読解をとおしてデリダは、フロイトの(不可能な)「喪の作業」の概念をいわば政治化し、都市や共同体の創設の条件にせまっていく。歓待とは、オイディプスのごとき亡霊を、内部に迎え入れることでもあるのだ。可視性と不可視性、現前と不在のあいだをさまよう亡霊的なものと、国家的・政治的なものとの密接な関係をさぐること。これをデリダは「憑在論（hantologie)」と呼ぶ（増田一夫訳『マルクスの亡霊たち』藤原書店、二〇〇七年）。

＊

本書では、まだ多くの問題が論じられている。アテネの都市国家において、あるときは異邦人のソフィストに問いただされ、あるときは異邦人を演じ、あるときは掟に声をかけられる自分を舞台化するソクラテス。誠実さという義務の名の下に、歓待の原理を自己限定してしまう嘘についてのカントのテキスト。『存在するとは別の仕方で』（邦訳、合田正人訳『存在の彼方へ』講談社学術文庫、一九九九年）で「主体とは人質である」と述べたエマニュエル・レヴィナス。デリダは『アデュー——エマニュエル・レヴィナスへ』において、レヴィナスの著作を「歓待についての大著」として読みときながら、平和論にまで説き及んでいる。そもそも、本書に頻出する「我が家」「住みか（demeure)」「迎え入れ（accueil)」といった用語は、レヴィナスのものでもある。またクロソウスキーの『歓待の掟』の読解も興味深い。歓待の掟の倒錯の可能性を倒錯的に引き受け、主人と客を同時に演じることによって、「内部にいながら入る」という「不可能性な共時性」に場を与える伯父の姿は、オイディプスと対をなしながら、歓待の「欲望」の問題を提起しているからだ。さらに最後に残された重要な問題として、歓待と言語の関係がある。しばしば文化のアイデンティティの担い手とされる「言語」もさまざまなアポリアをはらんでいる。他者の受け入れは、死のみならず、言語の可能性そのものと密接に結びついているのだ。この大きな問題については、ハンナ・アーレントの「母語」についての発言の批判の紹介も含めて、アンヌ・デュフールマンテルが詳しく論じているのでそちらにゆずることにする。

なお本書をお読みになって、「歓待」の哲学的考察に興味をお持ちの方には、ルネ・シェレルの『歓待のユートピア――歓待神《ゼウス》礼讃』（安川慶治訳、現代企画室、一九九六年）の併読をおすすめしたい。この書では、デリダが論じるカントやクロソウスキーのみならず、フーリエ、プルードン、ジュネ、パゾリーニ、フローベールなどのテキストが歓待の文脈に組み込まれている。「客の役割とは何だろう。（……）それは、砂漠と空のあいだのこのなめらかな空間のなかの襞《ひだ》となり折り目となることだ」。こうしたシェレルの「ユートピアの潜在性」の思想をデリダの「アポリア」の思想と突き合わせてみるのも面白い。

いずれにせよ、比較的わかりやすい本書が、一九九〇年代のデリダ入門としてだけではなく、原理的な議論や、他のさまざまな思想や運動との出会いのきっかけとして役立てば幸いである。

*

なお本書の原文は、見開きページの右側にデリダの文章、左側にデュフールマンテルの文章を置くという構成をとっているが、両ページの記述が対応しているとは思われず、またデュフールマンテルの文章はこの講義をデリダの思想の中に位置づけるものとなっているので、編集の技術的な問題もあり、彼女の文章を前半に収録するという形を取った。

当然のことながら、本書の訳出にあたっては、多くの既訳のお世話になった。とりわけプラトンに関しては岩波書店版の全集、ソポクレスについてはちくま文庫の高津春繁訳、旧約聖書については岩波書店版の新訳などを基本的に踏襲したが、デリダが使用している仏訳にあわせるため、一部変更せざるを得なかったことを、お断りしておく。またデリダによるギリシャ語のローマ字化の方法が一般的なものと異なっていることがあるので、一部訳者の判断で変更させていただいた。

訳語について。まず本書のキーワードであるétranger（およびギリシャ語のクセノス）は、異邦人、異人、よそ者、外国人、客人など、文脈によってさまざまな訳し分けが可能であるが、混乱をさけるため、最善とは思われないが、若干の例外を除いて「異邦人」に統一した。ただし適宜別の訳語も並置した。

また、どちらも「法」と訳されるloiとdroitは区別が必要であるが、それぞれの訳語を固定することは不可能であったので、以下のような措置を取った。まずloiについては、「歓待の掟」という表現と結びついている場合や書かれざる「掟」を指す場合には「掟」を多く採用したが、国家の法や成文法を指す場合などには「法」「法律」とした。またdroitについては、権利または法（学）と訳されるが、明らかに「権利」と訳しうる箇所以外ではおおむね「法＝権利」とした。ただしいずれの区別も微妙なものなので、混同のおそれがある場合にはルビや原語を挿入しておくよう努めた。

訳者の補足的説明や短い注は〔 〕に入れた。引用文におけるデリダの挿入的注記においては［ ］を使用し、終わりに「――デリダ」と付け加えておいた。また、大文字で始まる語は〈 〉の中に入れた。

（1） 以下の記述に関しては、次の書を参考にした。D. Fassin, A. Morice, C. Quiminal (sous la dir. de), *Les lois de l'inhospitalité*, La Découverte, 1997 ; Tahar Ben Jelloun, *Hospitalité française*, nouvelle édition, Seuil, 1997（タハール・ベン・ジェルーン『歓迎されない人々――フランスのアラブ人』高橋治男・相磯佳正訳、晶文社、一九九四年）; Johanna Siméant, *La cause des sans-papiers*, Presses de Sciences PO, 1998 ; Gérard Noiriel, *Réfugiés et sans-papiers*, Calmann-Lévy, nouvelle édition, 1998.

文庫版のためのあとがき

一九九九年に産業図書より刊行された本書の文庫化のお話をいただいたのは、訳者がたまたま『歓待の終焉』と題された書籍を手に取っていたときであった（Guillaume Le Blanc/Fabienne Brugère, *La Fin de l'Hospitalité*, Flammarion, 2017）。この書は、ヨーロッパにおける難民たちの調査を踏まえ、「ヨーロッパのほとんど全体が歓待の否認を体験している」という現状認識から出発する。「迎え入れることはタブー」であり、歓待はいまや「救助《レスキュー》」の問題になってしまった。この現状を踏まえ著者達は、本書にも批判的に言及しながら、「歓待の現実主義《リアリズム》」を模索する。終焉を語る言説はつねに陰気なすがすがしさにあふれている。

それに対して、本書でデリダが提起している「歓待」についての哲学的「問い」が、このような現状にある世界、そしてとりわけ日本において、どのようなアクチュアリティを持つのかについて、あえてここで具体的に言及するのはひかえたい。訳者としては、事態がさらに複雑化、深刻化し、「異邦人＝外国人＝よそ者」の問いを提起することさえ困難になっていることを実感するのみである。脱構築という言葉さえ、このような現状の追認の道具となる危険があるようにさえ思われる。

ただここでひとつだけあらためて強調しておきたい点がある。それは本書が、「無条件の歓待」という「倫理」と、「条件付きの歓待」の「政治」を対立させたり、それらの矛盾や葛藤を論じたりするものではない、という一点である。デリダは両者の二律背反的な不可分性を強調するが、それは「無条件の歓待」という「倫理的な理想」を、現実と折り合いを付けながら、法や政策として少しずつ実現することを意味することを目指すものではない。

マーティン・ヘグルンドが述べているように、デリダはむしろこうした区別そのものの根拠を掘り崩すことによって、決定不可能なものへの「開かれ」を説く。それは道徳と非道徳の共通な起源であるような「場」（場を開く場）において、他なるものにさらされるという出来事である。この事態をデリダは「倫理の非倫理的な開かれ」

（『グラマトロジーについて』）と呼んでいた。「開かれ」そのものは非倫理的であり、暴力的でさえあるとデリダは言う。

本書でも示唆されているように、哲学的にはこれは歓待の場だけではなく、その固有な時間性に関係する。それは通常の時間の関節をはずしてしまうような「脱-節合」の時間性である。この時間性こそが「他なるもの」のおとずれと、それに対する準備なしの応答を可能にするのである。

この時間性をどのように今の歓待の政治や制度に書き入れることができるのか。そしてそれは、「現実主義」という言葉が飛び交う現代世界において、どのような新たな選択肢を開拓できるのか。つねに陽気な深刻さにあふれていたデリダは、このような問いを今でも投げかけ続けているのである。

参考文献

・マーティン・ヘグルンド『ラディカル無神論――デリダと生の時間』吉松覚、島田貴史、松田智裕訳、法政大学出版局、二〇一七年、とくに第三章。
・拙著『デリダ――きたるべき痕跡の記憶』白水社、二〇〇六年、六〇―六一頁、一五三―一八〇頁。

なお本書に直接関係する文献として、注やあとがきで挙げたもののほかに、『言葉にのって』(林好雄訳、ちくま学芸文庫、二〇〇一年) 所収の「歓待について」、『パピエ・マシン 下』(中山元訳、同、二〇〇五年) 所収の「歓待の原則」なども参照されたい。また未訳だが、*Autour de Jacques Derrida, De l'hospitalité, Manifeste*, sous la dir. de Mohammed Seffahi, avec la participation de Michel Wieviorka, 2001 (『ジャック・デリダを囲んで、歓待について、マニフェスト』) には本書をめぐる論考、デリダの発言、対談などが収められている。近著としては、Benjamin Boudou, *Politique de l'hospitalité — une généalogie conceptuelle*, Paris, CNRS Éditions, 2017 (『歓待の政治学――概念的系譜学』) が、ポール・リクールのデリダ批判を踏まえ、やはり「現実主義的な原則」からデリダの歓待論を政治哲学的に論じている。

＊

一九九九年に本書を訳出して以来多くの年月が経っているため、文庫化にあたって訳文を全面的に再検討し、原注・訳注の書誌情報などを加筆訂正し、「訳者あとがき」にも手を加えた。文庫化を快く承諾してくださった産業図書のみなさまに御礼申し上げる。

また、かつて本書の翻訳の機会を与えてくださった東京大学高橋哲哉先生、ギリシャ語などについてご協力いただいた筑波大学教授秋山学氏、当時のインターネットについてご教示いただいた森幸久氏にあらためて感謝したい。そして『ラディカル無神論』を含めた関連文献をご紹介くださり、現在のデリダ哲学研究を担っておられる立命館大学准教授亀井大輔氏には、文庫化を機会にさらなるご教示をいただければ幸いである。

デリダのテクストはつねに新たに読み直されるべきものである。本書における問いは、政治学、政治哲学、メディア論にとどまらず、福祉、ケア、医療、看護、介護、教育現場など、「他者の迎え入れ」や「境界の侵犯」という出来事が生じているあらゆる場面において有効であろう。とくに本書は、はじめてデリダを読む読者に接しやすく、また、すでに読んだことのある読者があらためて彼の哲学の現代的な可能性について考えるのにも好適ではないか。そのように感じていたときに、不意のおとずれのようにして、ちくま学芸文庫に本書を歓待してくださった、田所健太郎氏に最後になるが深い感謝を捧げたい。

二〇一七年十一月

本書は、一九九九年一二月、産業図書より『歓待について――パリのゼミナールの記録』として刊行された。文庫化に際しては訳文を全面的に再検討し、副題を改めた。

ハーバート・スペンサーコレクション

ハーバート・スペンサー
森村進編訳

自由はどこまで守られるべきか。リバタリアニズムの源流となった思想家の理論の核が凝縮された論考を精選し、平明な訳で送る。文庫オリジナル編訳。

反解釈

スーザン・ソンタグ
高橋康也他訳

《解釈》を偏重する在来の批評に対し、《形式》を感受する官能美学の必要性をとき、理性や合理主義に対する感性の復権を唱えたマニフェスト。

声と現象

ジャック・デリダ
林好雄訳

フッサール『論理学研究』の綿密な読解を通して、「脱構築」「痕跡」「差延」「代補」「エクリチュール」など、デリダ思想の中心的〝操作子〟を生み出す。

省察

ルネ・デカルト
山田弘明訳

徹底した懐疑の積み重ねから、確実な知識を探り世界を証明づける。哲学入門者が最初に読むべき、近代哲学の源泉たる一冊。詳細な解説付新訳。

哲学原理

ルネ・デカルト
山田弘明/吉田健太郎/久保田進一/岩佐宣明訳・注解

『省察』刊行後、その知のすべてが記された本書は、デカルト形而上学の最終形態といえる。第一部の新訳と解題・詳細な解説を付す決定版。

方法序説

ルネ・デカルト
山田弘明訳

「私は考える、ゆえに私はある」。近代以降すべての哲学は、この言葉で始まった。世界中で最も読まれている哲学書の完訳。平明な徹底解説付。

宗教生活の基本形態(上)

エミール・デュルケーム

山﨑亮訳

宗教社会学の古典的名著を清新な新訳で。オーストラリアのトーテミスムにおける儀礼の研究から、宗教の本質的要素＝宗教生活の基本形態を析出する。

宗教生活の基本形態(下)

エミール・デュルケーム

山﨑亮訳

「最も原始的で単純な宗教」の分析から、宗教を、社会を「作り直す」行為の体系として位置づけ、20世紀人文学の原点となった名著。詳細な訳者解説を付す。

社会分業論

エミール・デュルケーム
田原音和訳

人類はなぜ社会を必要としたか。社会はいかにして発展するか。近代社会学の嚆矢をなすデュルケーム畢生の大著を定評ある名訳で送る。（菊谷和宏）

公衆とその諸問題
ジョン・デューイ
阿部齊訳

大衆社会の到来とともに公共性の成立基盤は衰退した。民主主義は再建可能か？　プラグマティズムの代表的思想家がこの難問を考究する。（宇野重規）

旧体制と大革命
A・ド・トクヴィル
小山勉訳

中央集権の確立、パリ一極集中、そして平等を自由に優先させる精神構造——フランス革命の成果は、実は旧体制の時代にすでに用意されていた。

ニーチェ
G・ドゥルーズ
湯浅博雄訳

〈力〉とは差異にこそその本質を有している——ニーチェのテキストを再解釈し、尖鋭なポスト構造主義的イメージを提出した、入門的な小論考。

カントの批判哲学
G・ドゥルーズ
國分功一郎訳

近代哲学を再構築してきたドゥルーズが、三批判書を追いつつカントの読み直しを図る。ドゥルーズ哲学が形成される契機となった一冊。新訳。

スペクタクルの社会
ギー・ドゥボール
木下誠訳

状況主義——「五月革命」の起爆剤のひとつとなった芸術＝思想運動——の理論的支柱で、最も急進的かつトータルな現代消費社会批判の書。

論理哲学入門
E・トゥーゲントハット／U・ヴォルフ
鈴木崇夫／石川求訳

論理学とは何か。またそれは言語や現実世界とどんな関係にあるのか。哲学史への確かな目配りと強靭な思索をもって解説するドイツの定評ある入門書。

ニーチェの手紙
茂木健一郎編・解説
塚越敏／眞田収一郎訳

哲学の全歴史を一新させた偉人が、思いを寄せる女性に綴った真情溢れる言葉から、手紙に残した名句まで——書簡から哲学者の真の人間像と思想に迫る。

存在と時間　上・下
M・ハイデッガー
細谷貞雄訳

哲学の根本課題、存在の問題を、現存在としての人間の時間性の視界から解明した大著。刊行時すでに哲学の古典と称された20世紀の記念碑的著作。

ドストエフスキーの詩学
ミハイル・バフチン
望月哲男／鈴木淳一訳

ドストエフスキーの画期性とは何か？　《ポリフォニー論》と《カーニバル論》という、魅力にみちた二視点を提起した先駆的著作。（望月哲男）

表徴の帝国
ロラン・バルト
宗左近 訳
「日本」の風物・慣習に感嘆しつつもそれらを〈零度〉に解体し、詩的素材としてエクリチュールとシーニュについての思想を展開させたエッセイ集。

エッフェル塔
ロラン・バルト
宗左近／諸田和治訳
伊藤俊治図版監修
塔によって触発される表徴を次々に展開させることで、その創造力を自在に操る、バルト独自の構造主義的思考の原形。解説・貴重図版多数併載。

エクリチュールの零度
ロラン・バルト
森本和夫／林好雄訳註
哲学・文学・言語学など、現代思想の幅広い分野に怖るべき影響を与え続けているバルトの理論的主著。詳註を付した新訳決定版。（林好雄）

映像の修辞学
ロラン・バルト
蓮實重彥／杉本紀子訳
イメージは意味の極限である。広告写真や報道写真、そして映画におけるメッセージの記号を読み解き、意味を探り、自在に語る魅惑の映像論集。

ロラン・バルト 中国旅行ノート
ロラン・バルト
桑田光平 訳
一九七四年、毛沢東政権下の中国を訪れたバルトの旅行の記録。それは書かれなかった中国版「記号の国」への覚書だった。新草稿、本邦初訳。（小林康夫）

ロラン・バルト モード論集
ロラン・バルト
山田登世子編訳
エスプリの弾けるエッセイから、初期の金字塔『モードの体系』に至る記号学的モード研究まで。初期のバルトの才気が光るモード論考集。オリジナル編集・新訳。

エロスの涙
ジョルジュ・バタイユ
森本和夫 訳
エロティシズムは禁忌と侵犯の中にこそあり、それは死と切り離すことができない。二百数十点の図版で構成されたバタイユの遺著。（林好雄）

呪われた部分 有用性の限界
ジョルジュ・バタイユ
中山元 訳
『呪われた部分』草稿、アフォリズム、ノートなど15年にわたり書き残した断片。バタイユの思想体系の全体像と精髄を浮き彫りにする待望の新訳。

エロティシズム
ジョルジュ・バタイユ
酒井健 訳
人間存在の根源的な謎を、鋭角で明晰な論理で解き明かす、バタイユ思想の核心。禁忌とは、侵犯とは何か？ 待望久しかった新訳決定版。

純然たる幸福
ジョルジュ・バタイユ
酒井健編訳
著者の思想の核心をなす重要論考20篇を収録。文庫化にあたり「クレー」「ヘーゲル弁証法の基底への批判」「シャプサルによるインタビュー」を増補。

エロティシズムの歴史
ジョルジュ・バタイユ
湯浅博雄／中地義和訳
三部作として構想された『呪われた部分』の第二部。荒々しい力〈性〉の禁忌に迫り、エロティシズムの本質を暴く、バタイユの真骨頂たる一冊。（吉本隆明）

ニーチェ覚書
ジョルジュ・バタイユ編著
酒井健訳
バタイユが独自の視点で編んだニーチェ箴言集。ニーチェを深く読み直す営みから生まれた本書には二人の思想が相響きあっている。詳細な訳者解説付き。

入門経済思想史　世俗の思想家たち
R・L・ハイルブローナー
八木甫ほか訳
何が経済を動かしているのか。スミスからマルクス、ケインズ、シュンペーターまで、経済思想の巨人たちのヴィジョンを追う名著の最新版訳。

分析哲学を知るための
哲学の小さな学校
ジョン・パスモア
大島保彦／高橋久一郎訳
数々の名テキストで哲学ファンを魅了してきた分析哲学界の重鎮が、現代哲学を総ざらい！　思考や議論の技を磨きつつ、哲学史を学べる便利な一冊。

表現と介入
イアン・ハッキング
渡辺博訳
科学にとって「在る」とは何か？　科学は真理を捉えられるのか？　現代哲学の鬼才が20世紀を揺るがした問いの数々に鋭く切り込む！（戸田山和久）

社会学への招待
ピーター・L・バーガー
水野節夫／村山研一訳
社会学とは、「当たり前」とされてきた物事をあえて疑い、その背後に隠された謎を探求しようとする営みである。長年親しまれてきた大定番の入門書。

デリダ
ジェフ・コリンズ
鈴木圭介訳
「脱構築」「差延」の概念で知られるデリダ。現代思想に偉大な軌跡を残したその思想をわかりやすくビジュアルに紹介。丁寧な年表、書誌を付す。

ベンヤミン
ケイギル／コールズ／アピニャネジ
久保哲司訳
〈批評〉を哲学に変えた思想家ベンヤミン。親和力、多孔質、アウラ、廃墟などのテーマを通してその思想の迷宮をわかりやすく解説。詳細な年譜・文献付。

ちくま学芸文庫

歓待《かんたい》について　パリ講義《こうぎ》の記録

二〇一八年一月十日　第一刷発行
二〇二四年十月二十日　第三刷発行

著者　ジャック・デリダ
序論　アンヌ・デュフールマンテル
訳者　廣瀬浩司（ひろせ・こうじ）
発行者　増田健史
発行所　株式会社　筑摩書房
東京都台東区蔵前二―五―三　〒一一一―八七五五
電話番号　〇三―五六八七―二六〇一（代表）
装幀者　安野光雅
印刷所　星野精版印刷株式会社
製本所　株式会社積信堂

ISBN978-4-480-09836-8 C0110